命理乾坤叢書 13

益群書店 印行

# 紫微斗數論命精蘊

# 導言

斗數自古相傳至今歷久不衰，且能享譽國際海內外，其中最主要的因素乃因斗數易學易懂，且又極爲精確。斗數之所以易學易懂，又極爲精確，乃因斗數推命術中已將本命、兄弟、夫妻、子女、財帛、疾厄、遷移、人事、官祿、田宅、福德、父母等十二宮位分別列出。故在研學或作斗數推命時，即可直接針對十二宮作研判推論，因此易學易懂，又極爲精確。

斗數雖易學易懂，且又極爲精確，但其學理深奧。故一般初學者讀者，則難以深入應用。其難以深入應用大都在於論命上，因此讀者初學者在於論命上只能以翻查對照書本的方式來作推論。但論命乃是一種的活性應用，所以翻查對照書本的論命方式，往往會造成誤差，而失去斗數之精確度。因此本書特將論命之應用及技巧以實例命盤詳細解述，給予無法深入應用，無法融會貫通，學而不精，算而不準者的一個引導範例。

# 序

在一般的讀者或初學者，對於紫微斗數的論命，大多以對照翻查書本的方式來作推命。然斗數之精奧，富爲千變萬化，如要推論的淋漓盡致，則需花費一番的研習功夫。因此初學讀者在爲自己或朋友推命時，往往會推斷誤差，而失之千里。所以筆者特針對此點，將斗數之命盤做整體的論斷推命，詳述於本書之中。在本書中的每一命盤皆先將命盤上的特點詳述出，接而再將「本命」、「遷移」、「官祿」、「財帛」、「田宅」、「福德」、「疾厄」、「夫妻」、「子女」、「父母」、「兄弟」、「人事」等十二宮之吉凶，一一詳細的論解。以益讀者或初學者在爲自己或朋友推命時，更爲精準。得將論命之造詣發揮無遺，是本書所祈。

另外流年運勢的推論上，因涵蓋著飛宮四化的奧理。故將流年運勢的吉凶推論集於一書，以讓讀書或初學者易於理解與應用，不致於有混雜失措之感！

本書若有疏漏之處，誠望先進同道賜正，不勝感激。

蔡上機　俗雲子　謹序

中華民國第二戊辰年仲冬

# 目錄

# ◉殺破狼格逢吉扶

姓名：柯先生
民國42年9月7日寅時建生
生年：癸巳
局數：木三局
命主：廉貞
身主：七殺

## ◎命盤特點

本命乃爲「殺、破、狼」的格局，且逢祿馬、左右、武相會合、無煞湊。子女宮天機落陷臨病遇刑並火星。

| | | | |
|---|---|---|---|
| 天鉞 火星 天機<br>破碎 天刑 病<br>子女 丁巳 | 文曲 紫微<br>桃花 空亡 衰<br>夫妻 戊午 | 旬空 帝旺<br>兄弟 己未 | 天馬 文昌 破軍(祿)<br>孤辰 臨官<br>命宮 庚申 |
| 七殺<br>寡宿 天喜 死<br>財帛 丙辰 | | | 天空<br>天姚 冠帶<br>父母 辛酉 |
| 天魁 天梁 太陽<br>墓<br>疾厄 乙卯 | | | 天府 廉貞<br>歲破 紅鸞 沐浴<br>福德 壬戌 |
| 右弼 天相 武曲<br>絕<br>遷移 甲寅 | 擎羊 地劫 巨門(權) 天同<br>天哭 截空 胎<br>人事 乙丑 | 祿存 鈴星 左輔 貪狼(忌)<br>養<br>官祿 (身) 甲子 | 陀羅 太陰(科)<br>天虛 長生<br>田宅 癸亥 |

## ◎命盤論解

【本命】：坐破軍（化祿）、文昌於申宮（破軍水爲申宮金所生，又與水的長生地同類，則爲廟地。文昌金與申宮金同類，又生水的長生地，則爲旺地），且本宮又逢天馬同度，乃祿馬交馳。身宮臨官宮坐貪狼（化忌）於子宮（貪狼木爲子宮水所生，則爲廟地），並有鈴星同度，乃爲鈴貪之格，又有祿存、左輔來扶。故主人性格機敏，聰明果決，作事積極深慮，具有領導之能及威權、口才佳，但內心難耐寂靜喜動且精神上的領域較難承受刺激。又命坐破軍且一片金水相生，故須注意有水厄之災。

命宮坐破軍、三方逢七殺、貪狼乃爲「殺、破、狼」之格局，且皆坐廟旺之地，又逢雙祿馬、左右、武相會合，故此殺、破、狼之格反爲吉利、富貴。又命主廉貞星坐戌宮（廉貞火與火庫同類又生戌宮土，乃爲旺地），且逢天府同扶，故主財官穩健。

【遷移】：坐武曲、天相於寅宮（武曲金尅寅宮木又被火的長生地所尅，則爲陷地。天相水生寅宮木又尅火的長生地，則爲弱地），又本宮臨於絕地，但有右弼來扶，且對宮逢祿馬來照。故主人社交能力強，人際關係亦佳，在外所接觸的都爲中上階層人士，且在外亦有很好的發展並會發財，但多辛勞奔波且勞心勞力。

【官祿】：坐貪狼（化忌）於子宮（乃爲廟地），則化忌較爲不忌，且逢鈴星同度，乃爲鈴貪之格，又有祿存、左輔來扶，又與身宮同宮，對宮又逢紫微、文曲於廟地來照。故事業早成，且會逐步的發展與發財。

本命爲殺、破、狼之格，且祿馬交馳，遷宮有武相、右弼，官宮有貪狼鈴星、左輔祿存。故最宜經商、財經金融投資、投機業、餐飲娛樂事業或自由業。

【財帛】：坐七殺於辰宮（七殺金爲辰宮所生又生水庫之地，則爲旺地），對宮又有廉貞、天府於旺廟之地來照，雖本宮臨於死地又遇寡宿，但經濟亦佳且爲穩固，一生衣食享用無愁。又本宮坐七殺且有天喜同度，又有紅鸞來照，故主人喜做投機事業，且投機之心亦大。

【田宅】：坐太陰（化科）於亥宮（則爲廟地），太陰乃爲田宅富星，故坐田宅宮於廟旺爲最佳，主不動產巨大豐盛，但本宮逢陀羅於弱坐守且逢火星來沖，火星坐巳宮爲平地較爲不凶，故雖無巨大豐盛的不動產，亦擁有不錯的不動產，且住所尚爲富麗。

【福德】：坐廉貞、天府於戌宮（廉貞火與火庫之地同類又生戌宮土，則爲旺地。天府土爲火庫之地所生又與戌宮土同類，則爲廟地），故主人福份佳且有享受之福，如有凶險之事亦可逢凶化吉，遇難呈祥。又本宮臨沐浴之地且有紅鸞坐守，故多豔遇。又身主七殺星坐於旺地且福德宮吉祥，故壽元亦長。

【疾厄】：坐太陽、天梁於卯宮。故身體上無重大疾病，但須注意腦神經衰弱、高血壓，有關頭部之疾或胃腸濕熱等症。又本宮臨於墓地，故亦須注意暗積之疾。

【夫妻】：坐紫微、文曲於午宮（紫微土爲午宮火所生，則爲廟。文曲水與午火宮乃爲水火相濟，亦爲廟地），雖本宮臨於空亡衰地，但本宮強旺有力且對宮無凶煞星來沖，則較爲不忌。故可娶到一位才能佳有理想、有學識、有抱負的太太，且婚姻幸福美滿，娶妻後可因而得貴更可得妻助。

【子女】：坐天機於巳宮（天機木生巳宮火又爲金的長生之地所尅，則爲陷地），且臨於病地又遇天刑、火星、破碎。故於子女中須注意有小兒痲痺症或腦膜炎、開刀等事，幸有天鉞貴人之星同度，故無重大之危險。且於子女之中有心多計較，好說話喜辯論，多學少精，易於幻想的子女，但多逢貴人相助。宜向專門才藝、技術或企劃接洽，設計壽幕工作發展。

【父母】：無主星，則借用對宮之太陽，天梁來論（太陽坐酉宮，乃爲弱地。天梁土生酉宮金，則爲利地），又本宮逢天空坐守。故與父母緣份較淺，且早離開雙親，但感情尚佳，父母親亦爲慈祥。

【兄弟】：無主星，則借用對宮之天同、巨門（化權）來論（天同巨門水坐未宮，乃生木庫之地又被未宮土所尅），且本宮又落空亡臨帝旺，對宮又逢地劫、擎羊來冲，擎羊金坐丑宮乃爲丑宮土所生又與金庫同類，乃爲廟地，則擎羊較不凶。故與兄弟姊妹緣份不佳，且有辛勞奔波，主觀重固執，作事難順遂並多是非的兄弟姊妹。

【人事】：坐天同、巨門（化權）於丑宮（天同巨門水乃爲金庫所生又被丑宮土所尅，則爲平地），又本宮落截空之地且逢地劫、擎羊同度，幸擎羊坐丑宮乃爲廟地，則爲不凶。故朋友人事對自己不但無相助之力，且須防朋友人事的陷害及拖累。

# ◉命無正曜日月背

姓名：李小姐
民國55年4月7日辰時瑞生
生年：丙午
局數：土五局
命主：巨門
身主：文昌

## ◎命盤特點

本命無正星，且臨於沐浴之地，身宮有紅鸞坐守，遷移宮逢天姚，福德又坐桃花、天喜星，乃爲一片桃花旺盛，幸有天空、旬空化解其旺。本命三方坐日月星且爲反背。

| | | | |
|---|---|---|---|
| 祿存 火星 太陰<br>絕<br>官祿 癸巳 | 擎羊 文昌(科) 貪狼<br>墓<br>人事 甲午 | 鈴星 天空 巨門 天同(祿)<br>天姚 死<br>遷移 乙未 | 文曲 天相 武曲<br>孤辰 病<br>疾厄 丙申 |
| 陀羅 右弼 天府 廉貞(忌)<br>寡宿 截空 胎<br>田宅 壬辰 | | | 天鉞 天梁 太陽<br>破碎 紅鸞 衰<br>財帛（身） 丁酉 |
| 地劫<br>桃花 旬空 天喜 天刑 養<br>福德 辛卯 | | | 左輔 七殺<br>帝旺<br>子女 戊戌 |
| 破軍<br>空亡 長生<br>父母 庚寅 | 歲破 沐浴<br>命宮 辛丑 | 紫微<br>天虛 天哭 冠帶<br>兄弟 庚子 | 天馬 天魁 天機(權)<br>臨官<br>夫妻 己亥 |

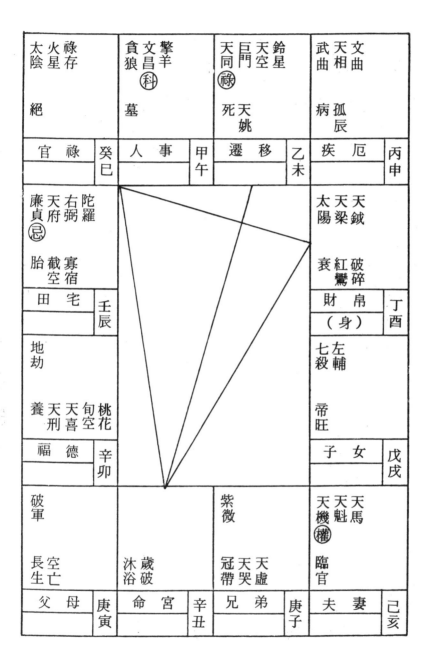

## ◎命盤論解

【本命】：無主星坐守，父母宮坐破軍於弱地且落空亡，又本命宮三方日月反背無力扶命宮，故其人在於幼年時較爲難養且多災厄。本命無主星則借用對宮之天同（化祿），巨門來論（天同巨門水坐丑宮，乃爲金庫所生又被丑宮土所尅，則爲平地），且有沐浴、歲破同守。又身宮坐太陽，天梁於酉宮（太陽坐酉宮乃爲弱地，天梁坐酉宮乃生酉宮金，則爲利地），並有天鉞、紅鸞、破碎同守，且臨衰地。故其人目光銳利、記憶力及口才皆佳，人緣亦佳且心地善良富有愛心及理想，並有強烈的研究心，但易趨於幻想且多學少精，並作事僅有三分鐘的熱度，有始無終，先勤後墮，主張不一，因而內心之中常有徬徨之意。

命宮無主星，三方四正之宮位又臨衰、死絕地，且日月星反背，又逢火鈴星天空合冲，雖鈴星火坐未宮爲木庫所生又生未宮土，乃爲旺地不凶，且有化祿、祿存、天鉞星來合照。但天同坐未宮乃爲陷地，則化祿無用，且祿存同守之主星太陰落陷，則祿存無力，而難挽命格之衰微。又命主巨門星坐未宮亦爲陷地，且落死地逢天空，則財官衰弱，故自己難創富貴且多辛勞奔波，只能圖個平凡的日子。

【遷移】：坐天同（化祿）、巨門於未宮（天同巨門水生木庫又被未宮土所尅，乃爲陷地），且臨死地，又逢天空、鈴星、天姚同守，鈴星坐旺地不凶。故在外人緣雖佳，但社交能力及人際關係均不佳，又在外多勞心勞力，凡事不順遂並有是非，且無發展性，故不宜到遠方求發展或環境職業的變動，否則愈變動會愈有困擾之事。

【官祿】：坐太陰於巳宮（乃爲陷地），且臨於絕地，又逢火星坐守，雖再有祿存同度，但同宮之主星太陰落陷，祿存亦乘其陷，則扶助的力量較小。故事業起伏成敗不一，且無好成就，不宜自建事業，宜從事他人的工作，領固定的薪水，尚可穩定。

本宮坐太陰、火星、祿存，命宮借用天同、巨門，財帛宮坐太陽、天梁、天鉞。故最宜從事自由業、服務業、百貨服飾或女性時裝、美容、化粧品等業。

【財帛】：坐太陽、天梁於酉宮（太陽爲弱地，天梁爲利地），且落衰地又遇破碎同守，幸有天鉞來扶，又本宮與身宮同宮。故經濟收入較爲固定，難有發財之跡，但理財能力尚佳且能量入爲出，然無經濟上的缺困。又對宮有地劫來沖，故不宜從事投機或經商，否則會產生經濟上的危機。

【田宅】：坐廉貞（化忌）、天府於辰宮（廉貞火生辰宮土又被水庫之地所尅，則爲陷地。天府土與辰宮土同類又尅水庫之地，則爲平地），且有右弼來扶，但本宮落於截空並寡宿、陀羅同守、陀羅爲辰宮土所生又生水庫之地，乃爲旺地，則爲不凶。

故自己要擁有不動產則較晚，且得之不易更是辛勞的代價，而擁有的不動產很少，並須注意變動，且所住的環境不佳。

【福德】：無主星，則借用對宮之太陽、天梁來論（太陽坐卯宮乃爲旺地。天梁爲卯宮木所尅，乃爲陷地，但爲同宮之太陽火化卯宮木而生天梁土，則落陷不陷），又本宮原無主星，且落旬空又逢地劫，天刑遇桃花、天喜。故雖小有福份，但多辛勞奔波且精神上的領域較爲落寞孤寂，有感情的挫折困擾或與異性因有不尋常關係而成親，且須注意有血光之災疾。又身主文昌金星坐午宮，爲午宮火所尅爲陷地，且有擎羊同守，福德宮又逢空劫坐守，故壽元不長。

【疾厄】：坐武曲、天相於申宮，且臨病地並有文曲、孤辰同守。則一生無重大之疾病，但有關呼吸系統、脾胃寒濕、腦神經衰弱、經水不調、皮膚或悶鬱之疾仍須注意。

【夫妻】：坐天機（化權）於亥宮（天機木爲亥宮水所生又與木的長生之地同類，則爲廟地），且逢天魁、天馬來扶。故可嫁一位聰明機敏、心地善良、勤勞謹愼、多才多藝，並有領導能力的先生，且婚姻幸福美滿。

【子女】：坐七殺於戌宮（七殺金爲戌宮土所生又被火庫之地所尅，則爲平地），且臨帝旺又有左輔同度。故於子女中有性烈剛強、性格獨立果斷主觀、性急，作事具有獨當一面，且享勞奔波，事業晚成的子女，並與自己的緣分較薄。宜向軍警武職，保全徵信調查、破壞業、技術工業或職業運動員、探險發展。

【父母】：坐破軍於寅宮（破軍水生寅宮木又尅火的長生之地，則爲弱地），且落空亡。故與父母緣分淺薄且較少得父母庇蔭關照，彼此間的思想難以接近，內心中有一層的隔閡，且父母親的身體健康不佳。

【兄弟】：坐紫微於子宮（乃爲平地），故與兄弟姊妹感情佳，但無相助之力，且有忠厚端雅、耳軟心活易受他人言語影響，多辛勞且煩心之事亦多的兄弟姊妹。

【人事】：坐貪狼於午宮（貪狼木生午宮火，乃爲利地），且逢擎羊於陷地同守，擎羊金被午宮火所尅，則爲陷地，雖有文昌（化科）同扶，但文昌金坐午宮亦爲陷地，且反爲受制。故朋友人事對自己無相助之力，且與朋友之間須注意是非或有文書上的錯失或被陷害連累，所以勿替人擔保背書，並要注意票據問題。

## ◉殺破狼格吉煞湊

姓名：李先生
民國56年2月2日寅時建生
生年：丁未
局數：木三局
命主：巨門
身主：天粱

### ◎命盤特點

本命乃爲「殺、破、狼」的格局，三方四正吉凶合湊。財帛宮坐武曲七殺金於酉金宮，遇天空星，乃金空則鳴之格。

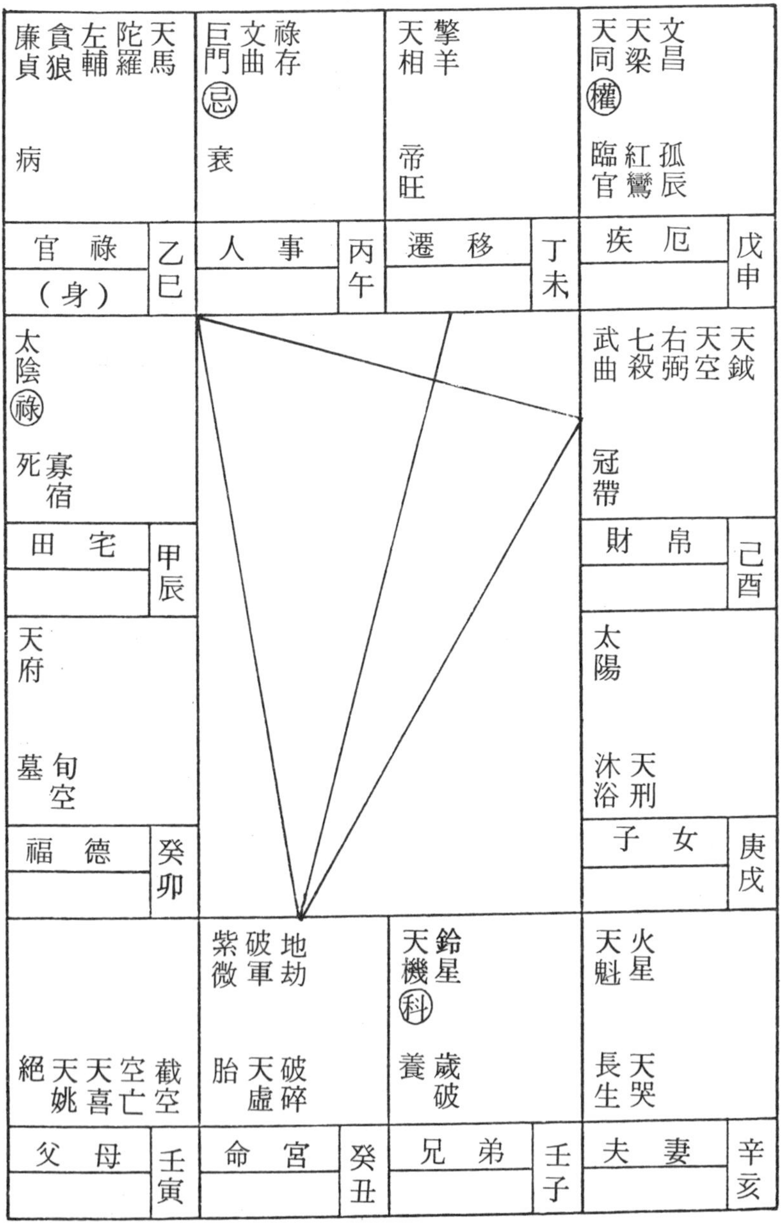
天馬 陀羅 左輔 貪狼 廉貞
病
官祿
(身)
乙巳
祿存 文曲 巨門 忌
衰
人事
丙午
擎羊 天相
帝旺
遷移
丁未
文昌 天梁 天同 權
孤辰 紅鸞 臨官
疾厄
戊申
太陰 祿
寡宿 死
田宅
甲辰
天鉞 天空 右弼 七殺 武曲
冠帶
財帛
己酉
天府
旬空 墓
福德
癸卯
太陽
天刑 沐浴
子女
庚戌
截空 空亡 天喜 天姚 絕
父母
壬寅
地劫 破軍 紫微
破碎 天虛 胎
命宮
癸丑
鈴星 天機 科
歲破 養
兄弟
壬子
火星 天魁
天哭 長生
夫妻
辛亥

## ◎命盤論解

【本命】：坐紫微、破軍於丑宮（紫微土與丑宮同類又生金庫之地，則爲旺地。破軍水爲金庫之地所生，又被丑宮金所尅，則爲平地），且逢地劫同度。身宮坐貪狼、廉貞於巳宮、貪狼木生巳宮火又被金的長生之地所尅，乃爲陷地，廉貞火與巳宮火同類又尅金的長生之地，乃爲平地，且逢左輔、天馬、陀羅同度。故其人個性剛直果斷、興趣廣泛、多才多藝、能言善道、慷慨大方、喜出風頭、好動不耐寂靜、作事迅速但多進退，且情緒較容易受事物的影響而喜怒不穩定。

又本命乃爲「殺、破、狼」之格，三方四正吉凶星合湊。命主巨門星坐午宮火地，乃爲水火相濟，則爲廟地，雖爲化忌，但水星於廟旺之地化忌較爲不忌，且逢文曲、祿存於廟地相扶、文曲水坐火宮，乃爲水火相濟，仍爲廟，祿存則乘巨門、文曲之廟而廟。故主財官雖穩健，但多辛勞奔波，且早年較不順利，中晚年較爲順利穩定與富貴。

【遷移】：坐天相於未宮（天相水生木庫又被未宮土所尅，則爲陷地），且逢擎羊同守，又遇地劫來冲。故在外辛勞奔波，外來的困心阻擾是非之事亦多，且社交上較難順利。

【官祿】：坐廉貞、貪狼於巳宮（廉貞爲平地，貪狼爲陷地），且臨病地，逢陀羅、天馬、左輔同度，又與身宮同宮，故早年事業不穩定不順利，且多成敗難有成果，又多辛勞奔波，中晚年後遂可穩定順利及成果。

本宮坐廉貞、貪狼、天馬、左輔、陀羅，命宮有紫微、破軍、地劫、財帛宮有武曲、七殺、天空、右弼、天鉞等星。故宜從事服務業、娛樂業、軍警職、保全公司、破壞業、徵信調查、旅遊業或投機業。

【財帛】：坐武曲、七殺於酉宮（武曲七殺金與酉宮金同類，則爲旺地），又逢右弼、天鉞來扶，且遇天空同度，乃爲金空則鳴之格。故賺錢多辛勞，但經濟衣食享用不缺，且有突發性的發財，可投機生財，但不宜經商，因命逢地劫逢擎羊相冲之故也。

【田宅】：坐太陰（化祿）於辰宮（乃爲陷地），且落死地逢寡宿同度。故早年無不動產，中晚年後才有不動產，但不多且有限。

【福德】：坐天府於卯宮（天府土乃爲卯宮木所剋，則爲陷地），且落旬空之地。故一生多奔波勞碌、內心孤立並有爭名得利之心，但福分較淺且難享清福。又身主天梁星坐申宮，生申宮金又剋水的長生之地，則爲弱地，但逢天同（化權）、文昌於廟旺之地來扶，天同水爲申宮金所生又與水的長生之地同類，故爲廟地，文昌金與申宮金同類又生水的長生之地，故爲旺地，又爲福蔭交聚之格，因此壽元則爲一般平均之壽命。

【疾厄】：坐天同（化權）、天梁，文昌於申宮，且逢紅鸞、孤辰同度。本宮乃福蔭交聚，故一生中無重大疾病，但仍須注意脾胃濕熱、脚腿浮腫、消化不佳、腦神經衰弱或鬱悶等症。

【夫妻】：無主星，則借用對宮之廉貞、貪狼來論（廉貞火坐亥宮，爲木的長生之地所生又被亥宮水所尅，則爲平地。貪狼木坐亥宮，與木的長生之地同類又爲亥宮水所生，則爲廟地），且有火星同度，乃爲火貪之格，又逢天魁同扶。故可娶到一位聰明機智、個性剛強、口才佳能言善道、多才多藝、能力佳、好動不耐靜的太太，且對於自己有相助之力，但夫妻彼此間容易因個性的關係而產生口舌上的磨擦，宜晚婚。

【子女】：坐太陽於戌宮（乃爲陷地），且逢天刑、沐浴同度。則於子女中須注意有腦膜炎或因發高燒而引起併發的現象，且有多辛勞奔波、個性剛直獨斷，作事難以順遂的子女，並與自己的緣分較淺，宜早離鄉自求發展較爲吉利。宜向軍警、徵信調查、保全公司、服務業、司法界、藥劑師或醫師發展。

【父母】：無主星，則借用對宮之天同（化權）、天梁、文昌來論（天同水坐寅宮，乃生寅宮木又尅火的長生之地，則爲弱地。天梁土坐寅宮，爲寅宮木所尅又爲火的長生之地所生，則爲平地。文昌金坐寅宮，乃尅寅宮木又被火的長生之地所尅，則爲陷地），又本宮落於絕地，且逢截空、空亡、天姚、天喜。故父母慈祥，且可得父母庇護，但自己與父母緣份較淺，並父母身體健康不佳。

【兄弟】：坐天機（化科）於子宮（天機木乃爲子宮水所生，則爲廟地），並逢鈴星於陷地同守，鈴星火被子宮水所尅，故爲陷地。則有聰明機敏、作事勤勞謹愼、心地善良，且精於專門學術或才藝，但多辛勞奔馳的兄弟姊妹。自己與兄弟姊妹感情尚佳。

【人事】：坐巨門（化忌）於午宮（乃爲廟地），且逢祿存、文曲於廟地同扶。故朋友人事對自己有相助之力且可助己興業得財，但與朋友人事之間仍須注意是非口舌之事。

# ◉女命天相昌曲聚

姓名：曾小姐
民國48年9月30日丑時瑞生
生年：己亥
局數：金四局
命主：文昌
身主：七殺

## ◎命盤特點

命坐天相、文昌、天姚、三合文曲（化忌），乃為桃花太旺，幸逢截空、旬空聚合，消滅桃花之旺。福德宮與身宮同宮坐紫微、七殺、鈴星，且被空劫所夾制。

| | | | |
|---|---|---|---|
| 陀羅 文曲(忌) 天府<br>破碎 天虛 旬空 天刑 長生<br>財帛 己巳 | 祿存 太陰 天同<br>養<br>子女 庚午 | 擎羊 貪狼(權) 武曲(祿)<br>天哭 胎<br>夫妻 辛未 | 天馬 天鉞 巨門 太陽<br>絕<br>兄弟 壬申 |
| 歲破 空亡 紅鸞 沐浴<br>疾厄 戊辰 | | | 文昌 天相<br>截空 天姚 墓<br>命宮 癸酉 |
| 破軍 廉貞<br>冠帶<br>遷移 丁卯 | | | 火星 天空 天梁(科) 天機<br>寡宿 天喜 死<br>父母 甲戌 |
| 右弼<br>孤辰 臨官<br>人事 丙寅 | 帝旺<br>官祿 丁丑 | 天魁 地劫 左輔<br>桃花 衰<br>田宅 丙子 | 鈴星 七殺 紫微<br>病<br>福德 (身) 乙亥 |

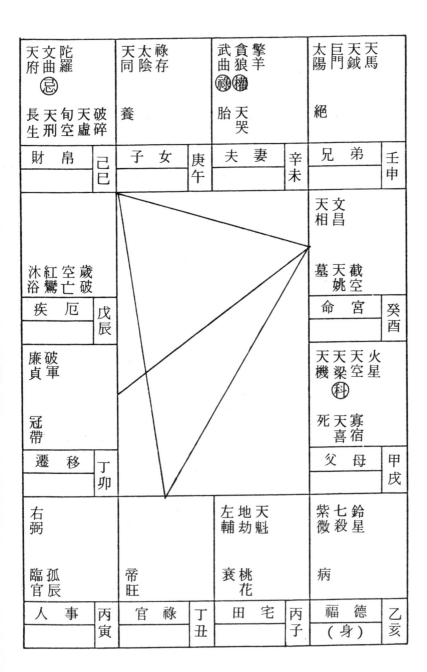

## ◎命盤論解

【本命】：坐天相、文昌於酉宮（天相水爲酉金所生，則爲廟地。文昌金與酉宮金同類，則爲旺地），逢天姚、截空同度。身宮臨福德宮坐紫微、七殺於亥宮（紫微土尅亥宮水又被木的長生之地所尅，則爲陷地。七殺金生亥宮水又尅木的長生之地，則爲弱地），且遇鈴星同守。故其人性格內剛外柔、獨立、果斷、度量寬宏，且多才多藝、外貌清秀、內心性急，不易受人親近、作事常有進退、多辛勞奔波，但凡事皆有獨當一面及任勞任怨的精神。

命坐天相且有文昌、天姚同度，三方又有文曲（化忌）來合，則桃花太旺，幸本命有截空，文曲又與旬空同度，則可消滅桃花之旺，故內心較爲空虛且性生活較須。又本命格局逢截空遇旬空、陀羅、化忌、破碎，且命主文曲星坐巳宮（文曲水尅巳宮火又爲金的長生之地所生，則爲平地），又化忌，且遇旬空、陀羅、破碎等星同度，幸有天府坐旺地同扶，雖財官受制，但亦小有發展之跡，故宜穩定中慢求發進，且辛勞奔波難免。

【遷移】：坐廉貞、破軍於卯宮（廉貞火爲卯宮所生，則爲廟地。破軍水生卯宮木，則爲利地），故在外或社交上多辛勞奔波、忙中生吉，作事先難後易、先勞後逸。

【官祿】：無主星，則借用對宮之武曲（化祿）、貪狼（化權）來論（武曲金坐丑宮，乃為丑宮土所生又與金庫同類，則為廟地。貪狼木坐丑宮，乃尅丑宮土又被金庫所尅，則為陷地），此格乃為武貪之格，對宮逢擎羊來沖、幸武曲、貪狼有化祿、化權，故早年事業難有成就，工作亦不穩定，且辛勞，中年後事業才會慢慢有所發展，因此中年後才宜自立建業。

本宮借用武曲（化祿）、貪狼（化權），命宮坐天相、文昌、天姚、截空，財帛宮坐天府，文曲（化忌）、陀羅、旬空、破碎等星。故最宜從事手工藝、作生意、餐飲業、服飾百貨、美容化粧品、珠寶店銀樓等業，不宜從事經商、投資業。

【財帛】：坐天府、文曲（化忌）於巳宮（天府為巳宮火所生又生金的長生之地，則為旺地。文曲為平地），且逢陀羅、旬空、天刑、破碎、天虛等星同度，又對宮逢七殺弱地、鈴星平地來沖。故經濟收入較為固定、難發大財，如有一時之發財，則會很快的流失或是非隨至。又賺錢較需花費心思勞力，且不宜經商或投資投機，否則會有經濟上的困擾。

【田宅】：無主星，則借用對宮之天同、太陰、祿存來論（天同水坐子宮，與子宮水同類，則為旺地。太陰坐子宮，則為廟地。祿存則可乘其廟旺），但借用的力量較為微弱，且本宮原坐有地劫且落衰地，幸有天魁、左輔同度。故早年無不動產且居住環境不佳，中晚年後才會擁有不動產，且有慢慢趨增的現象。

【福德】：坐紫微、七殺於亥宮（紫微爲陷地，七殺爲弱地），且逢鈴星同度。故福分不佳，且於人生中較辛勞奔波且內心落寞孤寂，心靈空虛或有感情的困擾與挫折。又身主七殺星及身宮皆與本宮同宮，則身主七殺星落弱，且無吉扶又逢鈴星病地，故壽元不長。

【疾厄】：無主星，則借用對宮之天機、天梁（化科）來論。天機木、天梁土坐辰土宮水庫、乃培木之旺，則水被木土所吸而枯竭，且本宮又有沐浴紅鸞同度，故有經水枯竭、血水不調、或性神經衰弱等症。

【夫妻】：坐武曲（化祿）、貪狼（化權）於未宮（武曲金爲未宮土所生又尅木庫，則爲平地。貪狼木尅未宮土又與木庫同類，則爲平地），且逢擎羊同度。故會嫁到一位個性剛強威猛，作事急速但多進退且不耐靜，心多計較，喜花色，經濟能力佳，無濟人之心的先生，又夫妻間常因意見及個性上的不合而生口角紛爭甚至吵架，宜晚婚。

【子女】：坐天同、太陰於午宮（天同水坐午火宮，乃水火相濟，則爲廟地。太陰爲陷地），且逢祿存同扶。故於子女中有聰明清秀、溫文儒雅、個性溫和、心慈耿直、有禮貌，內心性急好動，多學多能的子女，且經濟能力很好，但較辛勞奔波，與自己感情佳但缺緣，宜早離鄉到遠方求發展較為吉利。

【父母】：坐天機、天梁（化科）於戌宮（天機木尅戌宮土又生火庫，則為弱地。天梁土與戌宮土同類又為火庫所生，則為廟地），且逢天空、火星、寡宿同度。故與父母感情佳，但缺緣且早分開。火星坐戌宮（生戌宮土又與火庫同類，則為旺地），且與天空同度，乃為火空則發之格，故與父母不相尅。

【兄弟】：坐太陽、巨門於申宮（太陽為平地。巨門水為申宮金所生又與水的長生之地同類，則為廟地），且逢天鉞、天馬同度，但落絕地。故有個性耿直、聰明口才佳、言語直爽、不計是非、目光銳利，且有強烈研究心，但多辛勞奔波，早年不順利的兄弟姊妹，與自己感情佳，小有助力，但早分開。

【人事】：無主星，則借用對宮之太陽，巨門來論（太陽坐寅宮為利地。巨門水坐寅宮，生寅宮木又尅火的長生之地，則為弱地），且本宮原有右弼、孤辰坐守。故朋友與自己相處的尚佳，且小有相助之力，但交遊不寬廣，不易與人接近，故朋友不多。

# ◉疾厄囚殺羊劫逢

姓名：李先生
民國58年7月29日申時建生
生年：己酉
局數：水二局
命主：貪狼
身主：天同

## ◎命盤特點

本命坐太陽於陷地。疾厄宮坐廉貞、七殺，又逢地劫、擎羊同守。兄弟宮坐武曲（化祿）、破軍、落絕地，且逢火星、孤辰同守。

| | | | |
|---|---|---|---|
| 天相 陀羅<br>臨官 破碎<br>人事 己巳 | 天梁(科) 祿存 鈴星<br>冠帶 紅鸞 桃花<br>遷移 庚午 | 廉貞 七殺 地劫 擎羊<br>沐浴 天姚 寡宿<br>疾厄 辛未 | 天鉞<br>長生<br>財帛 壬申 |
| 巨門 右弼<br>帝旺<br>官祿（身） 戊辰 | | | 養 截空 天哭<br>子女 癸酉 |
| 紫微 貪狼(權) 天空<br>衰 天刑 旬空 天虛<br>田宅 丁卯 | | | 天同 左輔<br>胎<br>夫妻 甲戌 |
| 天機 太陰 文昌 天馬<br>病 空亡 歲破<br>福德 丙寅 | 天府<br>死<br>父母 丁丑 | 太陽 文曲(忌) 天魁<br>墓 天喜<br>命宮 丙子 | 武曲(祿) 破軍 火星<br>絕 孤辰<br>兄弟 乙亥 |

## ◎命盤論解

【本命】：坐太陽於子宮（乃爲陷地），且逢文曲（化忌）（文曲水與子宮水同類，則爲旺地，且爲水性之星，故化忌較爲不忌）、天魁同扶。身宮臨官祿宮坐巨門於辰宮（巨門水被辰宮土所尅又與水庫同類，則爲平地），且逢右弼、帝旺同度。故其人外貌文質清秀、聰明大方、心性剛強、言語直爽、目光銳利、有強烈的研究心、記憶力口才人緣均佳，但多學少精且喜管閒事，好打抱不平，故有是非與口舌。

本命坐太陽落陷，但三方四正有文曲、天魁、天鉞、天梁（化科）、祿存、右弼同守合照，乃爲貴格，雖遷宮有鈴星，但鈴星坐旺地不凶且奮發之作用，又命主貪狼星坐卯宮爲旺地且又化權，並有紫微同守，但逢天空、旬空又落衰地。故爲白牛辛勞創業之命，且早年時期較不穩定並多奔波，宜早離鄉背井到他鄉求發展較爲順利。

【遷移】：坐天梁（化科）於午宮（天梁土爲午宮所生，則爲廟地），且逢祿存、鈴星同扶（鈴星火與午宮火同類，則爲旺地，又可生天梁、祿存之土，故有扶助之功），幷有紅鸞、桃花同度。故在外人緣佳，頗得異性喜歡，社交能力亦佳，所接觸多爲中上階層人士或長上之輩，且多逢貴人照顧，故在外順利，最宜向外發展，幷有財利可得。

【官祿】：坐巨門於辰宮（乃爲平地），且逢右弼同扶又坐帝旺，並與身宮同宮。故事業工作上較爲競爭辛勞、白手創業，且極有創造與發展的精神，若勿操之過急，必有成就與成果，宜鬧中發展。

本宮坐巨門、右弼，命宮坐太陽、文曲、天鉞，財帛宮坐天鉞，且借用天機、太陰。故最宜從事以「口」爲主的行業、外交、業務、自由業、仲介買賣業、服務業、廣告宣傳設計企劃、律師、推事、法官、代書、教育界或尖端精密科技業。

【財帛】：無主星，則借用對宮之天機、太陰來論（天機木坐申宮，被申宮金所尅又爲水的長生之地所生，則爲平地。太陰坐申宮爲平地），且本宮原坐有天鉞星。故賺錢辛勞，經濟收入較不固定，若能向外發展，則可促使經濟力更加活躍，且可賺取較不固定的錢財。

【田宅】：坐紫微、貪狼（化權）於卯宮（紫微土爲卯宮木所尅，則爲陷地。貪狼木與卯宮木同類，則爲旺地），落衰地，且遇天空、旬空、天刑、天虛同度。故早年無不動產業，且白手創業艱辛，中晚年後才擁有少許的不動產，但不動產易生變動或損耗，且居住環境不佳常有煩心之事。

【福德】：坐天機、太陰於寅宮（天機木與寅宮木同類又生火的長生之地，則爲旺地。太陰爲利地），且逢文昌（文昌金尅寅宮木又被火的長生之地所尅，則爲陷地）、天馬、歲破同度、落空亡病地。故人生皆於奔波之中，且心性較急，精神亦難穩定，並心靈上較會呈現落寞空虛的感覺。又身主天同星坐戌宮（天同水被戌宮土所尅又尅火庫之地，則爲陷地），幸有左輔扶助，故壽元低於一般平均壽命，且身體健康不穩固。

【疾厄】：坐廉貞、七殺於未宮，且逢地劫、擎羊、沐浴、天姚、寡宿同度。故有車禍、傷殘、災難、血光之事，甚至危及生命，並須注意癌症、無名症、性疾病或性躁暴怒、呼吸器官之疾。

【夫妻】：坐天同於戌宮（乃爲陷地）、幸逢左輔扶助。故可娶到一位心性溫和、心慈耿直、聰明端雅、有福享不得、辛勞之命的太太，且於結婚前較有感情的波折，宜晚婚。

【子女】：無主星，則借用對宮之紫微、貪狼（化權）來論（紫微土坐酉宮，乃生酉宮金，則爲利地。貪狼木坐酉宮，乃被酉宮金所尅，則爲陷地），又本命原坐有截空、天哭。故於子女之中有個性剛強、口才佳、興趣廣泛、能力強、極有開創精神、事業有成，但成果較晚且辛勞的子女，與自己緣分較淺且早分開，但感情尚佳。

【父母】：坐天府於丑宮（天府土與丑宮土同類又生金庫，則爲旺地），但落死地，且逢囚殺劫羊來冲。故極受父母照顧與庇護，感情緣分尚佳，但彼此間的意見與個性觀念較難接近且不合。

【兄弟】：坐武曲（化祿）、破軍於亥宮（武曲金生亥宮水又尅木的長生之地，則爲弱地。破軍水與亥宮水同類，又生木的長生之地，則爲旺地），且落絕地，又逢火星、孤辰同守，並遇陀羅來冲。故爲無兄弟之情形，如有兄弟則無相助之力，且有相拖累或財務紛爭之事。

【人事】：坐天相於巳宮（天相水尅巳宮火且爲金的長生之地所生，則爲平地），且逢陀羅同守，且遇火星來冲（破軍坐旺地，則無冲尅之性）。故朋友與自己的交往皆爲普通朋友，雖有相助之力，且與朋友人事間須注意是非。

# ◉女命命身桃花逢

姓名：郭小姐
民國50年9月26日亥時瑞生
生年：辛丑
局數：木三局
命主：巨門
身主：天梁

## ◎命盤特點

命宮坐天相、文昌（化忌），三合文曲。身宮逢紫微、貪狼乃桃花犯主。兄弟宮巨門（化祿）落陷，且逢地劫、擎羊、寡宿同度。

| | | | |
|---|---|---|---|
| 破軍 武曲(科)<br>天哭 截空 旬空 天刑 病<br>遷移 癸巳 | 天鉞 太陽(權)<br>桃花 歲破 死<br>疾厄 甲午 | 天府<br>天虛 墓<br>財帛 乙未 | 天馬 陀羅 太陰 天機<br>天喜 絕<br>子女 丙申 |
| 天同<br>空亡 衰<br>人事 壬辰 | | | 鈴星 祿存 貪狼 紫微<br>天姚 胎<br>夫妻 (身) 丁酉 |
| 文曲<br>帝旺<br>官祿 辛卯 | | | 擎羊 地劫 巨門(祿)<br>寡宿 養<br>兄弟 戊戌 |
| 火星 天魁 右弼<br>孤辰 紅鸞 臨官<br>田宅 庚寅 | 七殺 廉貞<br>破碎 冠帶<br>福德 辛丑 | 天空 左輔 天梁<br>沐浴<br>父母 庚子 | 文昌(忌) 天相<br>長生<br>命宮 己亥 |

## ◎命盤論解

【本命】：坐天相於亥宮（天相水與亥宮水同類且生木的長生之地，則爲旺地），且逢文昌（化忌）同度（文昌金生亥宮水且尅木的長生之地，則爲弱地）。身宮臨夫妻宮坐紫微、貪狼於酉宮（紫微土生酉宮金，則爲利地。貪狼木被酉宮金所尅，則爲陷地），且逢祿存、鈴星、天姚同度。故其人個性剛強、勇敢果決、作事有魄力，凡事皆能獨當一面，且有男子之志，並有不服輸的精神，愛漂亮喜歡打扮及奇珍異品，講究衣食享受，好管閒事，且對精神及物質的佔有慾較強，性生活較須，並有口舌上的是非。

本命坐天相、文昌（化忌）、三方四正有天府、文曲、武曲（化科）、破軍、旬空、截空來合照，又命主巨門星坐於戌宮（巨門水被戌宮土所尅且尅火庫，則爲陷地），且逢地劫、擎羊同度。故財官不穩健，並辛勞奔波，且早年不宜創業，否則會空忙一場，而有爲誰辛勞爲誰奔波之感，且不宜從事經商投資投機事業，否則容易失敗。

【遷移】：坐破軍、武曲（化科）（破軍水尅巳宮火且爲金的長生之地所生，則爲平地。武曲金被巳宮火所尅且與金的長生之地同類，則爲平地），並逢天刑、旬空、截空、天哭同度，並落病地。故在外或社交較勞心費力，凡事多磨多困阻，不易成功，貴人難遇，煩心之事亦多，且不宜向遠方發展或經商。

【官祿】：坐文曲於卯宮（文曲水生卯宮木，則爲利地）。故在工作上較爲固定，且須付出一分耕耘才有一分的收穫，無論吃人頭路或自立建業，皆宜一步一步做起，終會有成就的果實。

本宮坐文曲，命宮坐天相、文昌（化忌），財帛宮坐天府。故最宜從事於美容化粧、服飾百貨、銀樓珠寶古董店、餐飲業、出版、印刷、打字、服務業、自由業、書局等業。

【財帛】：坐天府於未宮（天府土與未宮土同類且被木庫所尅，則爲平地），且逢天虛同度。故經濟收入較爲穩定，衣食享用尚爲不缺，但金錢的開支較爲浪費且較無節制。

【田宅】：無主星，則借用對宮的天機、太陰來論（天機木坐寅宮，乃與寅宮木同類且生火的長生之地，則爲旺地。太陰坐寅宮乃爲利地），又本宮原坐有右弼、天魁、火星、紅鸞、孤辰等星。故早年無不動產，中年後會擁有不動產，並會有慢慢趨增的現象，且住所尚爲富麗。

【福德】：坐廉貞，七殺於丑宮（廉貞火生丑宮土且尅金庫，則爲弱地。七殺金爲丑宮土所生且尅金庫，則爲平地），且逢破碎同度。故於人生中較爲辛勞，內心急躁較難靜下心來，且缺乏耐性，精神上的領域也較孤獨落寞與空虛，而喜尋求滿足與刺激的精神生活。又身主天梁星坐子宮（天梁土尅子宮水，則爲弱地），雖逢左輔同扶，但亦有天空同度，故壽元低於一般的平均壽命，且身體健康不穩固。

【疾厄】：坐太陽（化權）於午宮，且逢天鉞、歲破、桃花同度、落死地。午宮火氣旺盛，且有太陽天鉞歲破之火，化權之木更助其旺，故有經水枯竭或血水不調、性神經衰弱、小腸乾燥、便秘、痔瘡、火氣旺盛、高血壓、偏頭痛或腦神經衰弱頭部疾病。

【夫妻】：坐紫微、貪狼於酉宮（紫微爲利地，貪狼爲陷地），且逢鈴星、祿存、天姚同度。故可嫁到一位個性剛強，作事果決有魄力，性急不耐靜、興趣廣泛、多才多藝、喜戀花色酒賭博、能言善辯、略帶偏激、經濟能力佳且事業有所發展的先生，夫妻彼此間有時會因意見不合，而發生爭執口角，且先生會有艷遇或婚外情的現象，宜晚婚。

【子女】：坐天機、太陰於申宮（天機木被申宮金所尅且爲水的長生之地所生，則爲平地。太陰坐申宮，乃爲平地），且逢陀羅（陀羅金與申宮金同類且生金的長生之地，則爲旺地，較爲不凶）、天馬、天喜同度、落絕地。故於子女中有外貌文靜、內心性急好動、聰明敏捷、多才多藝、辛勞謹慎，並於幼年時體弱多病的子女，且與自己的感情尙佳，但早分開、緣分較缺。

【父母】：坐天梁於子宮（天梁土尅子宮水，則爲弱地），且逢左輔、天空同度。故與父母的感情平平，但彼此間不投緣，在思想觀念上亦難接近。

【兄弟】：坐巨門（化祿）於戌宮（乃爲陷地），且逢地劫、擎羊、寡宿同度。故爲無兄弟之情形，如有兄弟則無相助之力，且感情不佳，常有口舌爭吵或糾紛，並意見、個性、觀念皆爲不合，或有相拖累之事。

【人事】：坐天同於辰宮（天同水被辰宮土所尅且與水庫同類，則爲平地），且落空亡、衰地，並對宮有地劫、擎羊來冲。故朋友與自己多爲普通的交情，更無相助之力，並與朋友人事間須注意有是非糾紛的產生，且勿有金錢上的往來。

## ◉空亡合命空劫夾忌坐命終身奔勞

姓名：李先生

民國39年11月3日丑時建生

生年：庚寅

局數：土五局

命主：巨門

身主：天機

### ◎命盤特點

命宮逢化忌，且遇天空、地劫來夾，又財帛宮坐截空、旬空來合命宮。兄弟宮坐破軍落陷，且遇天空同守。田宅宮坐貪狼、火星於火木之宮。

| | | | |
|---|---|---|---|
| 天梁 文曲<br>絕 孤辰<br>遷移 辛巳 | 七殺 天鉞<br>胎 空亡<br>疾厄 壬午 | 陀羅<br>養 天刑 天喜 旬空 截空<br>財帛 癸未 | 廉貞 祿存<br>長生 天虛<br>子女 甲申 |
| 紫微 天相 鈴星<br>墓 天哭<br>人事 庚辰 | | | 文昌 擎羊<br>沐浴 歲破 破碎<br>夫妻 乙酉 |
| 天機 巨門<br>死 桃花<br>官祿 己卯 | | | 破軍 天空<br>冠帶<br>兄弟 丙戌 |
| 貪狼 左輔 火星 天魁 天馬<br>病<br>田宅 戊寅 | 太陽 太陰<br>㊗祿<br>衰 紅鸞 寡宿<br>福德（身） 己丑 | 武曲 天府 右弼 地劫<br>(權)(科)<br>帝旺<br>父母 戊子 | 天同<br>(忌)<br>臨官 天姚<br>命宮 丁亥 |

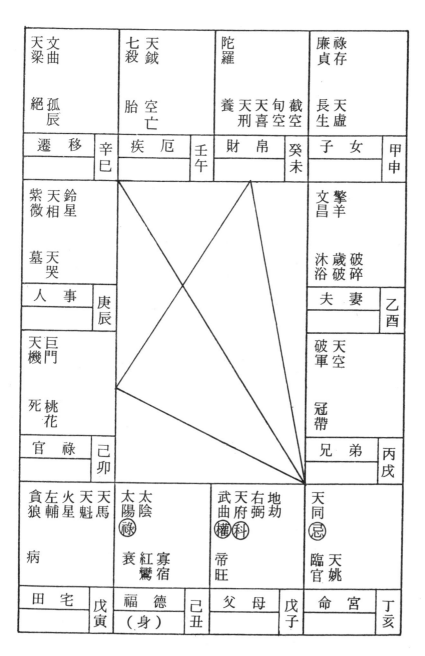

## ◎命盤論解

【本命】：坐天同（化忌）於亥宮（天同水與亥宮水同類且生木的長生之地，則爲旺地），且逢天姚同度。身宮臨福德宮坐太陽（化權）、太陰於丑宮（太陽坐丑宮，乃爲陷地。太陰坐丑宮，乃爲廟地），且逢紅鸞、寡宿同度。故其人心慈耿直、稟性溫和、內心性急、聰明多才、度量寬宏、言語直爽、外貌穩重，且易受異性的喜愛。

本命坐天同（化忌），且逢天空、地劫來夾，則主一生多辛勞奔波、作事不順，且有是非、難享福分，三方有陀羅、旬空、截空、天機、巨門來合，又命主巨門星坐於卯宮（巨門水生卯宮木，則爲利地），且逢天機同度。故財官亦不穩健，並早年不宜自立創業，且不可從事經商、投機或投資的事業，否則易生失敗，且會有經濟上的困擾。

【遷移】：坐天梁於巳宮（天梁土爲巳宮火所生且生金的長生之地，則爲旺地），且逢文曲（文曲水尅巳宮火且爲金的長生之地所生，則爲平地）、孤辰同度、並落絕地。故在外發展或社交上皆爲順利，且有很好的發展性，但貴人少逢，凡事大都是靠自己奮鬥，宜早離鄉向外謀發展較爲吉利。

【官祿】：坐天機、巨門於卯宮（巨門為利地、天機木與卯宮木同類，則為旺地），且逢桃花同度，並落死地。故主白手起家創業，早年不宜創業，中晚年後才可自立創業，且會漸漸的創出一番屬於自己的小事業，但奔波辛勞費心費力難免，且不可從事投機或賭博，否則易遭破敗。

本宮坐天機、巨門、桃花，命宮坐天同（化忌）、天姚，財帛宮借用對宮之太陽（化祿）、太陰、及原坐之陀羅、天刑、天喜等星。故最宜從事服務業、自由業、買賣仲介業、餐飲業、娛樂業或交際接洽企劃傳報外交工作。

【財帛】：無主星，則借用對宮之太陽（化祿）、太陰來論（太陽坐未宮，乃為利地。太陰坐未宮，乃為陷地），又本宮原坐有陀羅（陀羅金為未宮土所生且尅木庫，則為平地）、天喜、天刑、旬空、截空同度。故經濟收入尚為活躍，但支出亦大，且擁有財富時，則即會有散財之事隨至，並在現金上往往容易流失，若有錢財宜轉入不動產，並不宜從事經商投機或投資，否則會有經濟上的困厄。

【田宅】：坐貪狼於寅宮（貪狼木與寅宮木同類且生火的長生之地，則為旺地），且逢火星、左輔、天魁、天馬同度、落病地。故會擁有不動產，但多是白手建立，且會慢慢的趨增。又本宮坐貪狼、火星於木火之宮，且逢天鉞、天馬等屬火之星同度，故住所須注意火警。

【福德】：坐太陽（化祿）、太陰於丑宮（太陽坐丑宮爲陷地。太陰爲廟地），且逢紅鸞、寡宿同度、落衰地，並與身宮同宮。故於人生中雖爲辛勞，但勞中可生福生吉，內心較爲急性，修養尚佳，並不耐空寂沈靜與無聊，且近老年時期，須注意血氣之疾，晚年時也較孤單。又身主天機星坐卯宮（乃爲旺地），且逢巨門同度，落死地。故壽元爲一般的平均壽命。

【疾厄】：坐七殺於午宮，且逢天鉞、空亡同落、落胎地。故須注意暗疾、積勞成疾、或火氣旺盛、大腸乾燥、便秘、痔瘡、外傷。

【夫妻】：坐文昌於酉宮（文昌與酉宮金同類，則爲旺地），且逢擎羊（擎羊金與酉宮金同類，則爲旺地，較不凶）、破碎、歲破同度。故可娶到一位聰明伶俐機敏、能力佳、臨事果決、作事有擔當的太太，夫妻間的生活尚爲美滿，但有時會有意見上的不合，宜晚婚。

【子女】：坐廉貞於申宮（廉貞火尅申宮金且被水的長生之地所尅，則爲陷地），且逢祿存、天虛同度。故在子女中有性急好動、喜言善辯、興趣廣泛、多學少精、作事迅速但多進退，且不耐靜、經濟能力尚佳的子女，並與自己的意見及觀念較爲不合，但彼此間的感情尚佳。

【父母】：坐武曲（化權）、天府（化科）於子宮（武曲金生子宮水，則爲利地。天府土尅子宮水，則爲弱地。兩星碰撞，則天府土生武曲金生子宮水，乃爲利地），且逢右弼、地劫同度。故與父母感情佳，並多得父母照顧與恩惠、父母慈祥且管教較爲嚴格，但自己與父母的觀念意見較難接近。

【兄弟】：坐破軍於戌宮（破軍水被戌宮土所尅且尅火庫，則爲陷地），且逢天空同度。故無兄弟之情形，如有兄弟則彼此的感情與緣分亦是不佳，且各方面多爲不合，並有相拖累之事。

【人事】：坐紫微、天相於辰宮（紫微土與辰宮土同類且尅水庫，則爲平地。天相水被辰宮土所尅且與水庫同類，則爲平地），且逢鈴星、天哭同度，並對宮有破軍坐陷地、天空來冲。故交遊寬廣，在朋友中有貴人之友，亦有作事相連累相陷害的朋友，所以在朋友人事中須認清對方。

# ◉女命福德天相昌曲姚空聚

姓名：郭小姐
民國41年7月5日卯時瑞生
生年：生辰
局數：火六局
命主：武曲
身主：天相

## ◎命盤特點

命宮坐廉貞、貪狼等桃花之星，幸逢火星同度，可制貪狼桃花。福德宮坐天相，且逢文昌、文曲、天姚等桃花星，幸落旬空之地，可化減桃花之旺。

| | | | |
|---|---|---|---|
| 天鉞 火星 貪狼 廉貞<br>孤辰 天喜 絕<br>命宮 乙巳 | 巨門<br>空亡 墓<br>父母 丙午 | 文昌 文曲 天相<br>旬空 天姚 死<br>福德 丁未 | 天空 天梁(祿) 天同<br>病<br>田宅 戊申 |
| 右弼 太陰<br>胎<br>兄弟 甲辰 | | | 七殺 武曲(忌)<br>桃花 衰<br>官祿 己酉 |
| 天魁 天府<br>截空 天刑 養<br>夫妻 癸卯 | | | 陀羅 左輔(科) 太陽<br>天虛 帝旺<br>人事 庚戌 |
| 天馬 地劫<br>天哭 長生<br>子女 壬寅 | 鈴星 破軍 紫微(權)<br>破碎 寡宿 沐浴<br>財帛 癸丑 | 擎羊 天機<br>冠帶<br>疾厄 壬子 | 祿存<br>歲破 紅鸞 臨官<br>遷移 (身) 辛亥 |

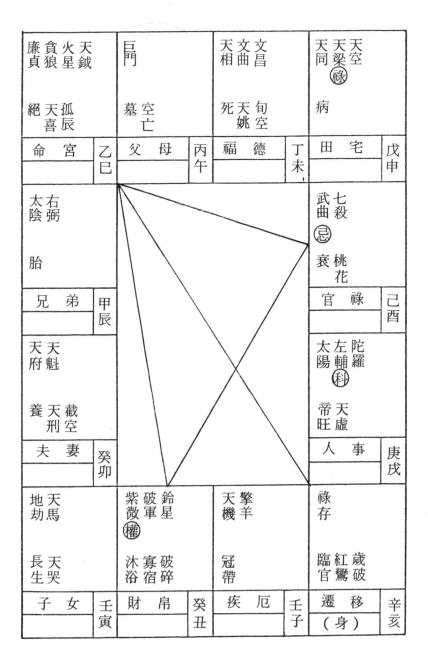

## ◎命盤論解

【本命】：坐廉貞、貪狼於巳宮（廉貞火與巳宮火同類且尅金的長生之地，則爲平地。貪狼木生巳宮火且被金的長生之地所尅，則爲陷地），且逢火星、天鉞、孤辰、天喜同度、落絕地。身宮臨遷移宮坐祿存、紅鸞、歲破於亥宮。故其人心性剛直、言語直爽、善於言辯、性急聰明，作事積極、能力尙佳、人緣好、喜愛裝扮。

本命坐廉貞、貪狼且逢火星，乃爲火貪之格，又三方有破軍、七殺來合，亦爲「殺、破、狼之格」，又命主武曲星坐酉宮（武曲金與酉宮金同類，則爲旺地。雖武曲化忌，但金水之星坐金水之宮化忌較爲不忌），且逢七殺同度、落衰地。故財官晚發、早年不順利、中晚年較有發展。

【遷移】：坐祿存、歲破、紅鸞於亥宮，且與身宮同宮，祿存無其他主星同度，則反爲擎羊、陀羅所夾制。故在外或社交上較不順利，且事事多辛勞、多困阻，不易成功，並不宜向外發展投資，否則困難重重。

【官祿】：坐武曲（化忌）、七殺於酉宮（武曲、七殺皆屬金與酉宮金同類，則爲旺地。且武曲金坐金宮、化忌較爲不忌），且逢桃花同度，並落衰地。故工作上較爲煩勞，早年較不順利，但中晚年會漸漸的順利發展，且財利亦佳，並可投機生財。

本宮坐武曲（化忌）、七殺、桃花，命宮坐廉貞、貪狼、火星、天鉞、天喜，財帛宮坐紫微（化權）、破軍、鈴星等星。故最宜從事餐飲業、理髮、美容化粧、服務業、投資投機業、外交接洽交際、加工業、製造業、作生意。

【財帛】：坐紫微（化權）、破軍於丑宮（紫微土與丑宮土同類且生金庫，則爲旺地。破軍水被丑宮生所尅且爲金庫所生，則爲平地），且逢鈴星、破碎、寡宿同度。故經濟收入較不固定，並可從副業或各方面的行業生財，且可投機生財，但是擁有財富時，亦須注意散財之事。

【田宅】：坐天同、天梁（化祿）於申宮（天同水爲申宮金所生且與水的長生之地同類，則爲廟地。天梁土生申宮金且尅水的長生之地，則爲弱地），且逢天空同度，並落病地，又對宮有地劫來沖。故會擁有不動產，但置產不易，且經過一番的辛勞與曲折，才建立不動產，且住家環境較有外來的煩雜困擾之事。

【福德】：坐天相於未宮（天相水被未宮土所尅且生木庫，則爲陷地），且逢文昌、文曲、天姚等桃花之星同度，幸落旬空之地，可化減桃花之旺。故其人一生快樂且福分亦佳，性生活較須，精神生活上尚稱多彩多姿，且凡有凶險之事皆可逢凶化吉，遇難呈祥，並有貴人相助。又身主天相星坐未宮，乃與本宮同宮。故壽元爲一般的平均壽命。

【疾厄】：坐天機於子宮，且逢擎羊同度。故須注意肝臟功能不佳、四肢關節酸痛、神經痛、大腸不佳或外傷。

【夫妻】：坐天府於卯宮（天府土被卯宮木所尅，則爲陷地），且逢天魁、天刑、截空同度。故可嫁到一位個性剛直、心直口快、外貌穩重敦厚、福分較淺薄、辛勞奔波的先生，夫妻間的感情尚佳，但意見、個性上較爲不合，宜晚婚。

【子女】：無主星，則借用對宮之天同、天梁（化祿）來論（天同水坐寅宮，乃生寅宮木且尅火的長生之地，則爲弱地。天梁土坐寅宮，乃被寅宮木所尅且爲火的長生之地所生，則爲平地），又本宮原坐有地劫、天馬、天哭等星。故於子女中有外貌穩和、內心性急好動、聰明耿直、口才佳、作事有魄力，但多奔勞的子女，並與自己的個性、意見、觀念較難接近。

【父母】：坐巨門於午宮（巨門水坐午宮火，乃爲水火相濟，則爲廟地），且落空亡之地。故與父母感情尚佳，但緣分較爲淺薄，且意見與看法較爲不合。

【兄弟】：坐太陰於辰宮（太陰坐辰宮，乃爲陷地），且逢右弼同度。故有聰明清秀、心性溫和、外貌沈靜、內心好動性急、度量寬宏、怕羞，且多辛勞奔波的兄弟姊妹，並與自己感情尚佳，但無相助之力。

【人事】：坐太陽於戌宮（太陽坐戌宮，乃爲陷地），且逢左輔（化科）、陀羅、天虛同度。故朋友與自己的交情大多是普通交情，彼此間的相處尚佳，但無相助之力，且與朋友人事亦須注意是非之事。

# ◉機巨酉上化吉縱有財官亦不榮

姓名：李先生
民國60年8月7日子時建生
生年：辛亥
局數：火六局
命主：文曲
身主：七殺

## ◎命盤特點

命宮坐天機、巨門（化祿）、祿存、火星於酉宮，酉宮乃是水敗木死之地。疾厄宮坐水庫，且逢破軍、文曲（化科）、紅鸞水星，及天刑、歲破、落胎地。福德宮坐天梁於陷地，並逢天空、地劫、天馬、左輔。

| | | | |
|---|---|---|---|
| 天同<br>絕 截空 天虛<br>財帛<br>癸巳 | 武曲 天府 天鉞<br>墓<br>子女<br>甲午 | 太陽㊟權 太陰<br>死 天哭<br>夫妻<br>乙未 | 貪狼 陀羅<br>病 天姚<br>兄弟<br>丙申 |
| 破軍 文曲㊟科<br>胎 天刑 紅鸞 歲破<br>疾厄<br>壬辰 | | | 天機 巨門㊟祿 祿存 火星<br>衰 破碎<br>命宮<br>（身）<br>丁酉 |
| 右弼<br>養 空亡<br>遷移<br>辛卯 | | | 紫微 天相 文昌㊟忌 擎羊 鈴星<br>帝旺 天喜 寡宿<br>父母<br>戊戌 |
| 廉貞 天魁<br>長生 旬空 孤辰<br>人事<br>庚寅 | 沐浴<br>官祿<br>辛丑 | 七殺<br>冠帶 桃花<br>田宅<br>庚子 | 天梁 左輔 天空 地劫 天馬<br>臨官<br>福德<br>己亥 |

# ◎命盤論解

【本命】：坐天機、巨門（化祿）於酉宮（天機木被酉宮金所尅，則爲陷地。巨門水爲酉宮金所生，則爲廟地），且逢祿存、火星（火星尅酉宮金，則爲弱地）、破碎同度，並落衰地，又身宮與本宮同度。故其人性格不定、個性多疑、目光銳利、且有強烈的研究心、記憶力佳、善於言辯，雖聰明但多學少精，作事進退不一，並善隱瞞且易趨於幻想，口舌是非多。

本命坐天機、巨門（化祿）、祿存，乃是雙祿交馳之格，又官祿宮無主星，則借用對宮之太陽（化權）、太陰星，且命主文曲星坐辰宮（文曲水被辰宮所尅且與水庫同類，則爲平地）且又化科，並有破軍同度（破軍水被辰宮土所尅且與水庫同類，則爲平地）。然本命宮坐天機木、巨門水於酉宮，乃坐水敗木死之地，且落衰地，又財帛宮坐截空且落絕地，命主星與破軍（奔勞耗星）同度。故主人財官雖可發富，但多辛勞奔波，且難持久。並不宜承祖業祖產，否則易生破敗（此乃因天機爲奔馳之星，巨門爲破蕩之星，坐命宮之故也），宜白手自立創業，方有成就。

【遷移】：無主星，則借用對宮之天機、巨門（化祿）、祿存來論（天機坐卯宮，乃與卯宮木同類，則為旺地。巨門水坐卯宮，乃生卯宮木，則為利地。祿存亦可乘其旺而旺），又本宮原坐有右弼，且落空亡之地。故在外或社交上，極有發展之勢，且有助於財利上的發展與經濟收入，但在外在或社交上的金錢開銷，較無節制，並無經濟上的觀念，且在外或社交上的發展亦是先勞後逸，先難後易。

【官祿】：無主星，則借用對宮之太陽（化權）、太陰來論（太陽坐丑宮，乃為陷地。太陰坐丑宮，乃為廟地）。故工作上早年較為辛勞且不順利，中晚年後可為順利，且會漸漸的提升與發展。

本宮借用太陽（化權）、太陰星，命宮有天機、巨門（化祿）、祿存、火星，財帛宮有天同等星。故最宜從事自由業、服務業、外交、企劃、交際、宣傳廣告、建築、印刷、出版業、演藝業、專門科技才藝業或由口為業。

【財帛】：坐天同於巳宮（天同水剋巳宮火且為金的長生之地所生，則為平地），且逢天虛同度，且落截空、絕地，又對宮有天空、地劫來沖。故經濟收入較不固定，且無經濟上的觀念，金錢的開銷也較無節制，並常有散財之事，若無改善，則終會有經濟上的困擾。且不宜從事投機事業。

【田宅】：坐七殺於子宮（七殺金生子宮水，則為利地），且逢桃花同度。故中晚後才會擁有不動產，且是白手自創建立，但擁有的不動產不大，並住所環境附近較有風化場所。

【福德】：坐天梁於亥宮（天梁土剋亥宮水且被木的長生之地所剋），且逢左輔、天空、地劫、天馬同度。故人生上的波折較多，且福薄貴淺，難有清福可享，人生的觀念也比較悲觀，精神上的領域亦爲空虛落寞孤獨，且內心好動難耐寂靜，宜多多研究人生哲理，可使人生較爲豁達開通。又身主七殺星坐於子宮（乃爲利地）。故壽元低於一般的平均壽命。

【疾厄】：坐破軍、文曲（化科）於辰宮，且逢天刑、紅鸞、歲破同度，並落胎地。因本宮（辰宮）乃爲水庫，又破軍、文曲（化科）、紅鸞皆屬水之星，一派水旺，故有水厄，一般水疾之症，瘧疾或手淫意淫、腦神經衰弱、性神經衰弱、生殖器官之疾、血光之災、開刀或暗疾。

【夫妻】：坐太陽（化權）、太陰於未宮（太陽坐未宮，乃爲利地。太陰坐未，乃爲陷地），且逢天哭同度，並落死地。故可娶到一位個性耿直、聰明秀麗、內心溫和性急、外貌文靜、愛乾淨，作事果決有魄力、能力好、度量寬宏慈愛、言語直爽、有男子之個性、人緣佳，易受異性喜歡的太太，夫妻間的感情亦佳，但有時會有意見個性上的不合，宜晚婚。

【子女】：坐武曲、天府於午宮（武曲金被午宮所剋，則爲陷地。天府土爲午宮火所生，則爲廟地。兩星碰撞，則午宮火生天府土生武曲金，乃爲廟地），且逢天鉞同度。故於子女中有個性剛直、心地善良、心直無毒、聰明果決、氣量寬宏、相貌清奇端雅，具有領導之能，且長壽衣食享用不缺，經濟能力及身分地位皆佳的子女，且自己可因而得貴，並與自己的感情緣分均佳。

【父母】：坐紫微、天相於戌宮（紫微土與戌宮土同類且爲火庫，則爲廟地。天相水被戌宮土所尅且尅火庫，則爲陷地），且逢文昌（化忌）、擎羊鈴星、天喜、寡宿同度。故父母對自己較有管束之力，且與父母的緣分不佳、意見、個性、觀念上皆爲不合。

【兄弟】：坐貪狼於申宮（貪狼木被申宮金所尅且爲水的長生之地所生，則爲平地），且逢陀羅（陀羅金與申宮金同類且生水的長生之地，則爲旺地，較不凶）、天姚同度，並落病地。故有個性剛強、能言善道，且有機謀、興趣廣泛、多才多藝，作事雖急速但多進退、不耐靜、喜戀花酒賭博，易受異性喜歡的兄弟姊妹，與自己的感情平平，緣分較缺，意見、思想不合。

【人事】：坐廉貞於寅宮（廉貞火爲寅宮木所生且與火的長生之地同類，則爲廟地），且逢天魁、孤辰同度，並落旬空之地。故交遊不寬廣，朋友與自己的交情尚佳，且於朋友人事中亦有貴人之友，並可得相助，但助力不大。

## ◉福德劫羊逢夫妻機巨忌空守

姓名：李小姐
民國66年12月4日申時瑞生
生年：丁巳
局數：火六局
命主：文曲
身主：七殺

### ◎命盤特點

夫妻宮坐天機、巨門且化忌，並遇天空同度。福德宮無主星，且逢地劫、擎羊坐守，並落衰地。人事宮坐破軍於陷地，且逢歲破紅鸞。

| | | | |
|---|---|---|---|
| 陀羅 天梁<br>臨官<br>命宮　乙巳 | 鈴星 祿存 七殺<br>桃花 帝旺<br>父母　丙午 | 擎羊 地劫<br>衰<br>福德　丁未 | 廉貞<br>孤辰 天刑 病<br>田宅　戊申 |
| 天相 紫微<br>寡宿 天喜 冠帶<br>兄弟　甲辰 | | | 天鉞<br>破碎 死<br>官祿（身）　己酉 |
| 天空 左輔 巨門(忌) 天機(科)<br>沐浴<br>夫妻　癸卯 | | | 破軍<br>歲破 紅鸞 墓<br>人事　庚戌 |
| 文昌 貪狼<br>截空 長生<br>子女　壬寅 | 太陰(祿) 太陽<br>天哭 旬空 養<br>財帛　癸丑 | 文曲 天府 武曲<br>空亡 天姚 胎<br>疾厄　壬子 | 天魁 天馬 火星 右弼 天同(權)<br>天虛 絕<br>遷移　辛亥 |

## ◎命盤論解

【本命】：坐天梁於巳宮（天梁土爲巳宮所生且生金的長生之地，則爲旺地），且逢陀羅同度。身宮臨官祿宮於酉宮、無主星，則借用對宮的天機（化科）、巨門（化忌）來論，又本宮原坐有天鉞、破碎等星。故其人外貌溫和、能言善辯、富有惻隱之心、樂於助人、內心性急、作事急躁且多進退、不耐靜、有強烈的研究之心、目光銳利、喜研究藝術、宗教、哲學或醫理、但多學少精，且易趨於幻想。

本命坐天梁、陀羅、天梁乃是一顆穩定研究之星，且陀羅往往會給人的命運帶來困阻、挫折，官祿宮無主星，借用天機、巨門於酉宮來論，酉宮乃是水敗木死之地，且巨門又化忌，本宮又落死地，命主之七殺星坐於午宮（七殺金被午宮火所剋，則爲陷地）。故財官不佳，事業難有發展且不順利，不宜自立創業，宜從事安定的工作。

【遷移】：坐天同（化權）於亥宮（天同水與亥宮水同度且生木的長生之地，則爲旺地），且逢右弼、天魁、天馬、火星、天虛同度、並落絕地。故在外或社交上凡事皆是先難後易、先勞後逸，作事須經一番的努力，才會有成果，且可逢貴人，但有時貴人出現的不是時候，又本人經常在外，不喜待在家中。

【官祿】：無主星，則借用對宮之天機（化科）、巨門（化忌）來論（天機木坐酉宮，爲酉金所尅，則爲陷地。巨門水爲酉宮金所生，則爲廟地。但酉宮乃是水敗木死之地，故巨門雖坐廟地，但難持久），又本宮原坐有天鉞、破碎、並落死地，且與身宮同宮。故工作上勞心勞力，難有很大的成就與發展，並在工作上比較容易產生職業倦怠且競爭亦大，宜從事一份穩定的工作或從事研究的工作，較爲順利，不宜自立創業或從事祖業。

本宮借用天機（化科）、巨門（化忌）、及原坐的天鉞，命宮坐天梁、陀羅，財帛宮坐太陽、太陰（化祿）等星。故最宜從事學術才藝專門研究工作、歌唱演藝、自由業、服務業、服裝、廣告、宣傳、設計、出版、編輯工作。

【財帛】：坐太陽、太陰（化祿）於丑宮（太陽乃爲陷地，太陰乃爲廟地），且逢天哭同度，並落旬空之地，又對宮有地劫、擎羊來冲。故賺錢辛勞、經濟收入尚佳且活躍，但金錢開支亦大，較無節制，並常有散財煩憂之事。

【田宅】：坐廉貞於申宮（廉貞火尅申宮金且被水的長生之地所尅，則爲陷地），且逢孤辰、天刑同度、並落病地。故難擁有不動產，且住所環境不佳，並容易引起身體疾病。

【福德】：無主星，則借用對宮的太陽、太陰（化祿）來論（太陽坐未宮，乃爲利地。太陰坐未宮，乃爲陷地），又本宮原坐有地劫、擎羊、且落衰地。故人生常有挫折困擾之事，且情感方面也難順利，內心亦會受到創傷，精神的領域上也較空虛落寞，且須注意意外傷害血光之事。又身主文曲星坐子宮（文曲水與子宮水同類，則爲旺地），且逢武曲、天府同度、並落空亡之地，故壽元低於一般平均壽命。

【疾厄】：坐武曲、天府於子宮，且逢天姚同度、並落空亡之星。故一生少病，且無重大疾病，但須注意腦神經或性神經衰弱，或脾胃不佳。

【夫妻】：坐天機（化科）、巨門（化忌）於卯宮（天機）木與卯宮木同類，則爲旺地。巨門水生卯宮木則爲利地），且逢左輔、天空同度。故可嫁到一位聰明機敏、能言善辯、口才佳、目光銳利，有強烈的研究之心，但個性多疑，善欺騙隱瞞，多學少精，且是非多的先生，且夫妻間的意見思想及觀念常不合，且有口角，並有婚姻上的挫折，宜晚婚。

【子女】：坐貪狼於寅宮（貪狼木與寅宮木同類且生木的長生之地，則爲旺地），且逢文昌同度，並落截空之地。故於子女中有個性剛直、聰明機智、多才多藝、能言善道、興趣廣泛、作事迅速有魄力，但不耐靜，喜研究人生哲學，與自己的感情尙佳，但早年較爲缺緣，中晚年緣分較佳。

【父母】：坐七殺於午宮（七殺金被午宮火所尅，則爲陷地），且逢祿存、鈴星同度。故父母對自己較有管束之力，且與父的意見、觀念及個性皆爲不合。

【兄弟】：坐紫微、天相於辰宮（紫微土與辰宮土同類且尅水庫，則爲平地。天相水被辰宮土所尅且尅水庫同類），且逢天喜、寡宿同度。故有個性耿直、聰明穩重、作事果決有魄力、具有領導之能，行事貫徹始終、任勞任怨、言行謹愼、度量寬宏、好客、好打抱不平愛管閒事的兄弟姊妹，與自己的感情尙佳，且可得照顧與幫助，但意見上有時會不合。

【人事】：坐破軍於辰宮（破軍水被戌宮土所尅且尅火庫，則爲陷地），且逢歲破、紅鸞同度。故雖有知己朋友，且與朋友人事間常意見不合並有口角是非紛爭之事，亦須注意朋友或人事的陷害。

# ◉金空遇水則泛

姓名：李先生
民國52年4月潤30日戌時建生
生年：癸卯
局數：火六局
命主：武曲
身主：天同

## ◎命盤特點

本命無主星，逢左輔右弼同聚，太陽、太陰各坐旺廟之宮來合命。遷移宮坐天空、截空遇擎羊金星於金庫，乃是金空則鳴之格，但有天同、巨門屬水之星同度，則金空遇水反爲泛。福德宮無主星，且犯劫、落衰地。

| | | | |
|---|---|---|---|
| 天機 天鉞<br>絕 旬空 孤辰 破碎<br>夫妻 丁巳 | 紫微<br>墓 天喜<br>兄弟 戊午 | 左輔 右弼 火星<br>死<br>命宮 己未 | 破軍 ㊗祿 鈴星<br>病 天哭 歲破<br>父母 庚申 |
| 七殺<br>胎 天姚 空亡 天虛<br>子女 丙辰 | | | 地劫<br>衰<br>福德 辛酉 |
| 太陽 天梁 天魁<br>養<br>財帛 (身) 乙卯 | | | 廉貞 天府<br>帝旺<br>田宅 壬戌 |
| 武曲 天相 文曲<br>長生<br>疾厄 甲寅 | 天同 巨門 (權) 天空 擎羊<br>沐浴 截空 寡宿<br>遷移 乙丑 | 貪狼 (忌) 文昌 祿存<br>冠帶 天刑 紅鸞 桃花<br>人事 甲子 | 太陰 (科) 陀羅 天馬<br>臨官<br>官祿 癸亥 |

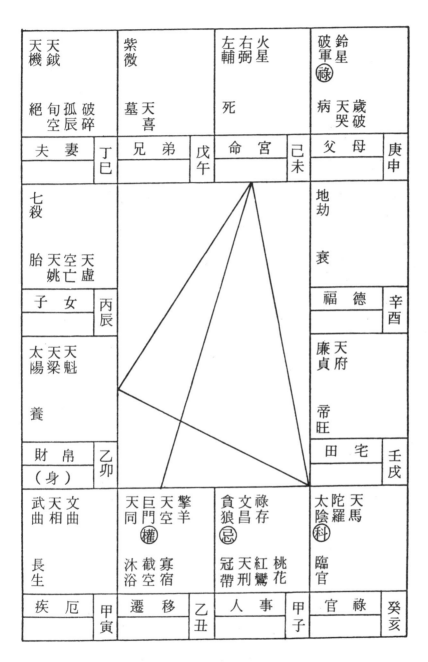

## ◎命盤論解

【本命】：無主星，則借用對宮之天同、巨門（化權）來論（天同、巨門之水坐未宮，被未宮土所尅且生木庫，則爲陷地），又本命宮原坐有左輔、右弼、火星、並落死地。且身宮臨財帛宮坐太陽、天梁於酉宮（太陽爲旺地。天梁土被卯宮木所尅，則爲陷地，但太陽之火可化卯宮木與天梁土爲相生，卯宮木生太陽火生天梁土，故爲化爲廟），且逢天魁同度。故其人相貌穩重敦厚、心地善耿直、聰明慈愛、言語直爽、不計是非、行事小心謹愼、胸有略謀、不畏一切艱難、作事踏實、任勞任怨，具有逆來順受的包容力，且生平喜好硏究學術哲理，但多學少精，一生奔波辛勞，難享清福，並有是非口舌。

本命坐左輔、右弼，且三方逢太陽、天梁、天魁、太陰（化科）、天馬於旺廟之地來合，乃爲富貴之格，但本命無主星，則借用對宮之天同、巨門、化權來論，反爲陷地，且本命落死地（本命原坐之火星，因火星火生未宮土且爲木庫所生，則爲旺地，較爲不凶），有擎羊、天空來冲，官祿宮又有陀羅來合，又命主武曲星坐寅宮（武曲金尅卯宮木且被火的長生之地所尅，則爲陷地），幸有天相、文曲星同扶（但天相、文曲水生寅宮木且尅火的長生之地，則爲弱地，故扶助之力有限）。故本人幼年體質不佳，早年不順利，較無發展，中晚年方有成就與富貴，但一生辛勞且難享清福。

【遷移】：坐天同、巨門（化權）於丑宮（天同、巨門水被丑宮土所尅且爲金庫所生，則爲平地），且逢天空、截空、擎羊（天空、截空等空亡星，遇擎羊金於金庫，乃是金空則鳴之格，但又與天同、巨門水星同聚，故金空遇水則成災泛）、寡宿同度。故在外或社交上凡事遷延難成、作事難順，並常有困阻波折、勞心勞力、貴人難逢，亦無發展性，且不宜常變動環境，或更換工作，在外又須注意車禍、身體受傷害，或是非糾紛之事。

【官祿】：坐太陰（化科）於亥宮（太陰坐亥宮，乃爲廟地），且逢天馬、陀羅同度（陀羅金生亥宮水且尅木的長生之地，則爲弱地）。故工作上較爲辛勞奔波，但有很好的發展性，無論是自立創業或吃人頭路，皆有所發與成就，而早期的發展開創較有困阻之力，但凡事皆可迎刃而解，最宜自立創業。

本宮坐太陰（化科）、陀羅、天馬，命宮借用對宮之天同、巨門（化權），並有原坐之左輔、右弼、火星，財帛宮坐太陽、天梁、天魁。故最宜從事學術才藝工作、自由業、服務業、心理學、仲介買賣業、企劃幕僚工作、房地產業、醫學研究工作。

【財帛】：坐太陽、天梁於卯宮（太陽坐卯宮爲旺地，且可化天梁爲廟），且逢天魁同，並對宮有地劫來冲，又本宮與身宮同宮。故經濟能力極佳且非常活躍，且一生衣食享用不缺，並可積財成富，但勿與他人有金錢往來，否則會被倒債破財。

【田宅】：坐廉貞、天府於戌宮（廉貞火生戌宮土並與火庫同類，則爲旺地。天府土與火庫同類且爲火庫所生，則爲廟地），且坐帝旺之地。故會擁有不動產，且會逐漸的趨增擴大，住所亦爲華麗堂皇。

【福德】：無主星，則借用對宮之太陽、天梁來論（太陽坐酉宮，乃爲弱地。天梁土坐酉宮，生酉宮金，則爲利地），又本宮原坐有地劫，且落衰地。故人生辛勞，福分淺薄，難爲享清福之人，且內心較爲空虛，精神上的領域亦爲落寞孤單，並在情感上也會受到挫折，宜多多研究人生哲學，較能人生豁達開朗。又身主天同星坐丑宮（乃爲平地），且逢巨門（化權）、擎羊、天空、寡宿同度，並落截空之地。故壽元低於一般的平均壽命。

【疾厄】：坐武曲、天相於寅宮，且逢文曲同度。故身體健康，一生少病，但武曲金生天相、文曲之水，武曲則受洩，且又尅寅宮木，又被火的長生之地所尅，因此亦須注意大腸不佳，或呼吸系統不佳。

【夫妻】：坐天機於巳宮（天機木生巳宮火且被金的長生之地所尅，則爲陷地），且逢天鉞、孤辰、破碎同度，並落旬空、絕地，又對宮有陀羅來冲，故可娶到一位聰明機警、反成多疑、能言善辯、心多計較、性急好動、不耐靜、富有專門才藝，但才志難展，且易趨於幻想的太太，夫妻間的感情生活容易產生牽制，且彼此的意見、觀念、思想上較爲不合，並有感情上的波折，宜晚婚。

【子女】：坐七殺於辰宮（七殺金爲辰宮土所生且生水庫，則爲旺地），且逢天虛、天姚同度，並落空亡之地，又鄰宮有天魁、天鉞來相夾。故在子女之中有個性剛強、勇敢耿直機智、行事果決有魄力，且有領導之能，凡事皆可獨當一面，但人生艱勞辛苦，且在人際關係或感情上，顯得不易與人接近，而讓人有孤芳自賞感覺的子女，與自己感情尚佳，早年緣分較中晚年後緣分會逐漸深厚，且彼此的觀念，意見亦難接近。

【父母】：坐破軍（化祿）於申宮（破軍水爲申宮金所生且與水的長生之地同類，則爲廟地），且逢鈴星（鈴星火尅申宮金且被水的長生之地所尅，則爲陷地）、歲破、天哭同度、並落病地。故父母慈祥，與父母感情尚佳，但緣分不佳，意見、觀念、思想上亦爲不合，並早離開父母，中晚年後與父母的緣分才會逐漸加深，且父母的身體健康不佳。

【兄弟】：坐紫微於午宮（紫微土爲午宮火所生，則爲廟地），且逢天喜同度。故有個性溫和、面貌敦厚穩重、外剛內柔，事業有所發展與成就，且掌家中之權的兄弟姊妹，與自己的感情緣分皆佳，且可得相助照顧。

【人事】：坐貪狼（化忌）於子宮（貪狼木爲子宮水所生，則爲廟地），且逢文昌（文昌金生子宮水，則爲利地）、祿存、紅鸞、桃花、天刑同度。故交遊寬廣，且所交往的朋友皆爲中上階層人士，並可得朋友人事的相助而興業發財，且人緣佳，深受異性的喜愛，但須注意桃色情感的糾纏與是非。

## ◉桃花際會

姓名：魏小姐
民國55年9月17日卯時瑞生
生年：丙午
局數：金四局
命主：武曲
身主：文昌

### ◎命盤特點

命坐廉貞次桃花(化忌)，並逢昌曲同聚，且有貪狼、桃花星來合，幸有空亡同聚，可化桃花之旺。福德宮無主星，則借用對宮之紫微、貪狼來論，乃是桃花犯主，且本宮原坐有天姚、紅鸞等桃花之星。

| | | | |
|---|---|---|---|
| 祿存 天相<br>破碎 天刑 長生<br>夫妻 癸巳 | 鈴星 擎羊 天梁<br>養<br>兄弟 甲午 | 文昌 文曲(科) 七殺 廉貞(忌)<br>胎<br>命宮 乙未 | 天馬 天空<br>孤辰 絕<br>父母 丙申 |
| 火星 陀羅 巨門<br>寡宿 截空 沐浴<br>子女 壬辰 | | | 天鉞<br>紅鸞 天姚 墓<br>福德 丁酉 |
| 貪狼 紫微<br>桃花 空亡 天喜 冠帶<br>財帛 辛卯 | | | 天同(祿)<br>死<br>田宅 戊戌 |
| 地劫 右弼 太陰 天機(權)<br>旬空 臨官<br>疾厄 庚寅 | 天府<br>歲破 帝旺<br>遷移（身） 辛丑 | 左輔 太陽<br>天虛 天哭 衰<br>人事 庚子 | 天魁 破軍 武曲<br>病<br>官祿 己亥 |

## ◎命盤論解

【本命】：坐廉貞（化忌）、七殺於未宮（廉貞火生未宮土且爲木庫所生，則爲旺地。七殺金爲未宮土所生且尅木庫，則爲平地）。逢文曲（化科）、文昌同度（文曲水爲未宮土所尅且生木庫，則爲陷地。文昌金爲未宮土所生且尅木庫，則爲平地）。身坐臨遷移宮坐天府於丑宮（天府土與丑宮同類且生金庫，則爲旺地）。故其人聰明伶俐、機警敏捷、內性性急剛強好動、不耐寂靜，外貌溫文雅靜、喜好禮樂、口才佳，能言善辯，喜歡表現且具有領導獨當之能，人緣佳並有吸引異性的魅力，但須注意口舌上的是非。

命坐廉貞（化忌）、七殺、文曲（化科）、文昌，且有貪狼桃來合，幸落空亡，可化桃花之旺，故性生活較須。又本命乃爲「殺、破、狼」之格，且命主武曲星坐亥宮（武曲金生亥宮水且尅木的長生之地，則爲弱地），並有破軍、天魁同度，又落病地。故主人較爲辛勞，早年不宜自立建業且不順利，中晚較爲順利且有發展。

【遷移】：坐天府於丑宮，乃爲旺地，並逢歲破同度。故在外或社交上較爲順利，並會遇貴人相扶，且有發展性，但辛勞不免。

【官祿】：坐武曲、破軍於亥宮（武曲為弱地，破軍水與亥宮水同類且可生木的長生之地，則為旺地），且逢天魁同度，落病地。故工作上較辛勞奔波，早年不宜自立創業，宜安定中慢求發展，不宜冒險或強急於一時做事業的發展。

本宮坐武曲、破軍、天魁，命坐廉貞（化忌）、七殺、文曲（化科）、文昌，財帛宮坐紫微、貪狼、天喜、桃花、空亡等星。故最宜從事餐飲、旅遊、服務業、設計工作、歌唱演藝、美容化粧服飾、藝術專門才藝、學術文化、手工技藝等業。

【財帛】：坐紫微、貪狼於卯宮（紫微土為卯宮木所尅，則為陷地。貪狼木與卯宮木同類，則為旺地），且有天喜、桃花同度、落空亡。故經濟能力尚佳，中晚年後經濟會有更好的成長，若能早年守成家計，終可積富，但不宜經商或投機，否則會有經濟上的困擾。

【田宅】：坐天同（化祿）於戌宮（天同水為戌宮土所尅且尅火庫，則為陷地），且落死地，對宮並有陀羅、火星、寡宿來沖（陀羅星坐旺地較不凶），且有天魁、天鉞來夾本宮。故可擁有不動產，但擁有的產業不多，且置產辛勞不易，並住家環境較有外來的困擾與煩躁之事。

【福德】：無主星，則借用對宮的紫微、貪狼來論（紫微土坐酉宮，乃生酉宮金，則為利地。貪狼木坐酉宮，乃被酉宮金所尅，則爲陷地），又本宮原坐有天鉞、紅鸞、天姚。故於人生之中，早年辛勞，中晚年享福，精神慾望較高，內心不耐空虛寂寞，喜歡多彩多姿的精神慾望生活，性生活較須，且與異性有一見鍾情，相見恨晚之感。又身主文昌星坐未宮，乃爲平地，且廉貞（化忌）、七殺、文曲（化科）同度，故壽元爲一般平均之壽命。

【疾厄】：坐天機（化權）、太陰於寅宮，且逢右弼、地劫、旬空等星同度，寅宮屬木又爲火的長生之地，且有天機（化權）、地劫火、助長木火之旺，而使水枯竭。故有經水枯竭，血水不合，眼目不佳，火氣旺盛，縱慾引起之疾。

【夫妻】：坐天相於巳宮（天相水尅巳宮火又爲金的長生之地所生，則爲平地），且有祿存同扶，天刑、破碎同度。故可嫁到一位性情穩和、言行謹愼、思慮周詳、爲人敦厚、能夠任勞任怨、好客、交遊寬廣、喜打抱不平、講究衣食享用，且經濟能力佳的先生，夫妻間生活幸福美滿，但有時小意見不合之事難免。

【子女】：坐巨門於辰宮（巨水被辰宮土所尅且與水庫同類，則爲平地），且逢陀羅、火星（陀羅金爲辰宮土所生且生水庫，則爲旺地，故較不凶。火星火生辰宮土且被水庫所尅，則爲陷地）、截空、寡宿同度。故於子女中有體質虛弱多病、幼年難養、個性善猜忌隱瞞、作事進退不一、口舌是非多、內心孤獨、與六親寡緣，在人生上較辛勞奔波的子女，與自己的緣分淺薄且早分開，意見仍較不合。

【父母】：無主星，則借用對宮的天機（化權）、太陰來論（天機木坐申宮，乃被申宮金所尅且爲水的長生之地所生，則爲平地。太陰坐申宮，乃爲平地，且本宮原坐有天空、天馬、孤辰、落絕地。故與父母的感情尚佳，但彼此的緣分較缺，且早離開父母，並與父母的意見、觀念、思想較爲不合，難以接近。

【兄弟】：坐天梁於午宮（天梁土爲午宮火所生，則爲廟地）且逢擎羊、鈴星同度（擎羊金被午宮火所尅，則爲陷地。鈴星火與午宮火同類，則爲旺地）。故有個性剛強、膽大勇敢急躁、外貌穩和、喜愛研究宗教學術、哲理或醫藥的兄弟姊妹，與自己的感情緣分平平。

【人事】：坐太陽於子宮（乃爲陷地），且有左輔、天哭、天虛同度，並有擎羊、鈴星來沖（鈴星坐旺地較不凶）。故朋友與自己的交往皆爲普通的交情，且較難得朋友人事的相助，並與朋友人事之間須注意小是非的困擾。

## ◉蟾宮折桂

姓名：魏小姐
民國57年3月23日未時瑞生
生年：戊申
局數：木三局
命主：文曲
身主：天機

### ◎命盤特點

本命坐太陰於酉宮，且逢太陽、祿存於巳宮、天梁、天魁於丑宮來合，並遇天同、文昌於卯宮來照，因此本命乃爲蟾宮折桂之格，又爲梁陽昌祿合命之格。子女宮坐破軍，且逢左輔、地劫、擎羊同度，又落衰地。

| | | | |
|---|---|---|---|
| 鈴星 祿存 太陽<br>病<br>財帛<br>丁巳 | 擎羊 地劫 左輔 破軍<br>衰<br>子女<br>戊午 | 天鉞 天機 (忌)<br>寡宿 紅鸞 帝旺<br>夫妻<br>己未 | 右弼 (科) 天府 紫微<br>臨官<br>兄弟<br>庚申 |
| 陀羅 天空 武曲<br>死<br>疾厄<br>丙辰 | | | 火星 太陰 (權)<br>桃花 破碎 冠帶<br>命宮<br>辛酉 |
| 文昌 天同<br>歲破 旬空 天姚 墓<br>遷移<br>乙卯 | | | 貪狼 (祿)<br>天哭 沐浴<br>父母<br>壬戌 |
| 天馬 七殺<br>天虛 空亡 絕<br>人事<br>甲寅 | 天魁 天梁<br>天喜 胎<br>官祿<br>乙丑 | 天相 廉貞<br>截空 養<br>田宅<br>甲子 | 文曲 巨門<br>孤辰 天刑 長生<br>福德<br>(身)<br>癸亥 |

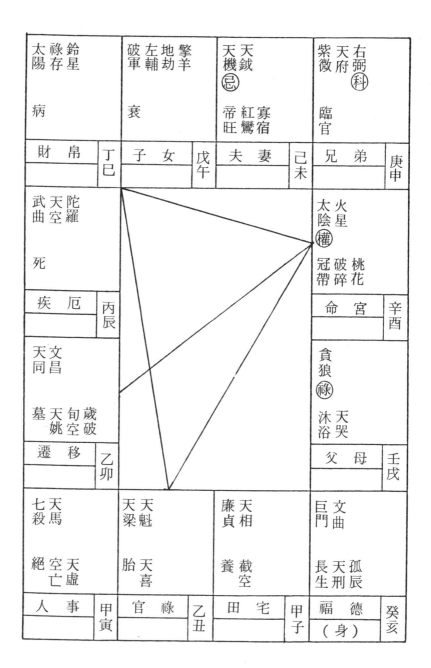

## ◎命盤論解

【本命】：坐太陰（化權）於酉宮（太陰坐酉宮，乃爲旺地），且逢火星（火星火尅酉宮金，則爲弱地）、破碎、桃花同度。身宮臨福德宮坐巨門於亥宮（巨門水與亥宮水同度且生木的長生之地，則爲旺地），且逢文曲（文曲屬水，故與巨門同屬旺地）、天刑、孤辰同度。故其人聰明清秀、外剛內柔、內心好動性急、外貌之靜端雅、心性溫和、度量寬宏、能言善道、多才多藝、博學多能、目光銳利、記憶力強、觀察仔細、有強烈的研究之心、氣質儒雅、人緣佳、深受異性的喜歡、性慾較旺、性生活較須。

本命坐太陰（化權），且財帛宮坐太陽，祿存於廟地，官祿宮坐天梁、天魁於旺地來合，對宮又有天同、文昌來照，乃爲蟾宮折桂之格，又爲梁陽昌祿合命之格，又命主文曲星坐亥宮，乃爲旺地，且逢巨門於旺地同度。但本命遇火星於弱地坐守，且財帛宮有鈴星來合。故主人一生富貴雙全，財官雙美，事業有成且順利，並早遂青雲之志，但早年辛勞不免。

【遷移】：坐天同於卯宮（天同水生卯宮木，則爲利地），且逢文昌（文昌金尅卯宮木，則爲弱地，但天同水可化文昌金生卯宮木，文昌金生天同水生卯宮木，則化文昌爲利）、歲破、天姚同度，並落旬空之地，又對宮有火星來沖。故在外或社交上皆爲順利，社交能力亦佳，且有很好的發展性、人緣又佳，並可得異性的相助，但雖有很好的發展性，但難突破新局面，只能循序漸進的發展，且辛勞不免。

【官祿】：坐天梁於丑宮（天梁土與丑宮土同類且生金庫，則爲旺地），且逢天魁、天喜同度。故工作極爲順利，並可得長上上司的賞識關照，無論自創事業或吃人頭路，都會有很好的成就，且事業早成，身分地位亦會逐漸的提升。

本宮坐天梁、天魁、天喜，命宮坐太陰（化權）、火星，財帛宮坐太陽、祿存、鈴星。故最宜從事自由業、服務業、學術界、醫學界、心理研究工作、文化事業、政界、公職公務人員、政府官員、司法界、美容化粧服裝業、秘書參謀幕僚工作、星相界。

【財帛】：坐太陽於巳宮（太陽坐巳宮，乃爲廟地），且逢祿存、鈴星同度、並落病地。故經濟收入佳，且活躍、財源不缺，一生衣食享用富足豐盛，並可積財成富，但金錢開銷慷慨且較無節制，故亦會因此而散財。

【田宅】：坐廉貞、天相於子宮（廉貞火坐子宮水，乃水火相濟，則爲廟地。天相水與子宮水同類，則爲旺地），且落截空之地，對宮又有地劫、擎羊來沖。故會擁有不動產，但擁有的不動產有限，且居家環境常會有外來的困擾與煩雜之事，並住家環境不宜常變動或遷移。

【福德】：坐巨門於亥宮（巨門坐亥宮爲旺地），且逢文曲（文曲坐亥宮亦爲旺地）、孤辰、天刑同度，對宮又有鈴星來冲，又本宮與身宮同宮。故一生福分佳，且可享富貴之福，生活富有格調，多彩多姿，但早年辛勞，且精神的領域上較爲孤獨空虛，因此較需要精神上支柱。又身主天機星坐未宮（天機木尅未宮土且與木庫同類，則爲平地）且化忌，且逢天鉞、寡宿、紅鸞同度。故壽元爲一般的平均壽命。

【疾厄】：坐武曲於辰宮，且逢天空、陀羅同度，並落死地。故須注意呼吸系統不佳，筋骨酸痛、關節炎、風濕症、外傷或大腸不佳等症。

【夫妻】：坐天機（化忌）於未宮（天機坐未宮，乃爲平地），且逢天鉞、紅鸞、寡宿同度。故可嫁到一位聰明機敏、勤勞謹愼、多才多藝、智謀精明多變，儀表秀麗，易受異性喜愛，一生多辛勞的先生，夫妻間的感情尙佳，但意見上有時會不合。

【子女】：坐破軍於午宮（破軍水坐午宮火，乃爲水火相濟，則爲廟地），且逢左輔、地劫、擎羊同度，並落衰地。故於子女之中有個性剛烈、性急好動、喜怒無常、作事常反覆不定，與人寡合且易衝動，一生辛勞奔波，幼年體弱多病且難育的子女，與自己感情緣分皆不佳，且意見、個性、思想、觀念皆不合。或無子嗣，或子女中有夭折、傷殘者。

【父母】：坐貪狼（化祿）於戌宮（貪狼木尅戌宮土且生火庫，則爲弱地），且逢天哭同度。故早年與父母的感情及緣分不佳，中晚年後彼此間的感情及緣分才會漸漸加深，且與父母的意見，個性較難接近，並在父母親中有身體健康亦不佳者。

【兄弟】：坐紫微、天府於申宮（紫微、天府之土生申宮金且尅水的長生之地，則爲弱地），且逢右弼（化科）同度，又對宮有七殺來冲。故有聰明端莊、相貌敦厚，並有爭名奪利之心，事業有成，但成就較晚且辛勞的兄弟姊妹，與自己的感情緣分尚佳，亦可得相助。

【人事】：坐七殺於寅宮（七殺金尅寅宮木且被火的長生之地所尅，則爲陷地），且逢天馬、天虛同度，並落空亡、絕地。故無知心、患難相扶、眞誠之朋友，且與朋友人事之間須注意是非紛爭之事，並須防範朋友人事的陷害與傷害，因此與朋友人事的相交，只宜點頭之交，不宜深入相交。

## ◉火空陷水則不發

姓名：蔡先生
民國47年6月4日亥時建生
生年：戊戌
局數：木三局
命主：廉貞
身主：天相

### ◎命盤特點

本命無主星，且落絕地，三方雖逢天機、天梁、太陰、天同於廟旺之地來合，但天機、天梁落於空亡、衰地、天機又化忌，太陰、天同水，與火空同度（火星、天空及截空）於水宮，因此火空陷水則不發。子女宮坐紫微、七殺，且逢祿馬、右弼（化科）交聚。夫妻宮無主星，則借對宮之太陰、天同，又本宮原坐擎羊，乃爲馬頭帶劍之格，且落死地。

| | | | |
|---|---|---|---|
| 天馬 祿存 右弼(科) 七殺 紫微<br>歲破 旬空 紅鸞 病<br>子女 丁巳 | 擎羊<br>天姚 死<br>夫妻（身） 戊午 | 天鉞<br>墓<br>兄弟 己未 | 寡宿 天哭 絕<br>命宮 庚申 |
| 陀羅 天梁 天機(忌)<br>天虛 空亡 衰<br>財帛 丙辰 | | | 左輔 破軍 廉貞<br>胎<br>父母 辛酉 |
| 文曲 天相<br>桃花 帝旺<br>疾厄 乙卯 | | | 地劫<br>養<br>福德 壬戌 |
| 鈴星 巨門 太陽<br>天刑 臨官<br>遷移 甲寅 | 天魁 貪狼(祿) 武曲<br>破碎 冠帶<br>人事 乙丑 | 火星 天空 太陰(權) 天同<br>截空 沐浴<br>官祿 甲子 | 文昌 天府<br>孤辰 天喜 長生<br>田宅 癸亥 |

## ◎命盤論解

【本命】：無主星，則借用對宮之太陽、巨門來論（太陽坐申宮，乃爲平地。巨門水坐申宮，乃爲申宮金所生且與水的長生之地同類，則爲廟地），又本宮原坐有天哭、寡宿、並落絕地。身宮臨夫妻宮無主星，則借用對宮之太陰、天同來論（太陰坐午宮，乃爲陷地。天同水坐午宮火，乃爲水火相濟，則爲廟地），又本宮坐有擎羊、天姚，並落死地。故其人個性耿直、外剛內柔、心地善良寬宏、言語直爽、內心性急、相貌敦厚、作事難順利，一生辛勞奔波。

本命無主星，借用對宮之太陽、巨門來論，又本宮原坐有天哭、寡宿、且落絕地。三方雖逢天機、天梁、太陰、天同於旺廟之地來合，但天機、天梁落於空亡、衰地，且天機又化忌，太陰、天同水、與火空同度（火星、天空及截空）於水宮，故火空陷水則不發。又命主廉貞星坐於酉宮（廉貞火尅酉宮金，則爲弱地），且逢破軍、左輔同度（破軍水爲酉宮金所生，則爲廟地，故爲不凶）。故財官不穩健，難有富貴、功名，且孤獨辛勞，只能圖個安定平凡的生活。

【遷移】：坐太陽、巨門於寅宮（太陽坐寅宮，乃爲利地。巨門水生寅宮木且尅火的長生之地，則爲弱地），且逢天刑、鈴星同度（鈴星火爲寅宮木所生且與火的長生之地同類，則爲廟地）。故在外或社交上凡事皆須經一番的辛勞與努力，方有成果，且早年在外較不順利，並無所發展，中晚年後才會逐漸的順利，並在外或社交上須注意口舌是非之事。

【官祿】：坐天同、太陰（化權）於子宮（天同水與子宮水同類，則爲旺地。太陰坐子宮，乃爲廟地），且逢火星，天空同度（火星火被子宮水所剋，乃爲陷地），並落截空之地，又對宮有擎羊來沖。故工作上不順利，且難有發展與成就，早年辛勞艱苦，晚年後稍佳，並在工作上常有困擾阻礙之事。

本宮坐天同、太陰（化權）、火星、天空，命宮無主星，借用對宮之太陽、巨門，財帛宮坐天機（化忌）、天梁、陀羅等星。故最宜從事技術業、流動行業、自由業、服務業、修護業、宗教界。

【財帛】：坐天機（化忌）、天梁於辰宮，天機木爲辰宮土水庫，即爲濕土所生，則爲廟地。天梁土與辰宮土同類且剋水庫，則爲平地，天梁土合辰宮之濕土可生天機木，故可助天機之廟），且逢陀羅，陀羅金爲辰宮土所生且生水庫，則爲旺地，較爲不凶）、天虛同度，並落空亡、衰地，又對宮有地劫來沖。故經濟收入尚可，但不穩定，且經濟力不活躍，財源有限，常爲賺錢勞碌奔波，費盡心思，並常有破財之事。

【田宅】：坐天府於亥宮（天府土剋亥宮水且被木的長生之地所剋，則爲陷地），且逢文昌（文昌金生亥宮水且剋木的長生之地，則爲弱地）、孤辰、天喜同度。故早無不動產，中晚年後才會擁有不動產，且置產辛勞不易，並擁有的不動產極爲有限。

【福德】：無主星，則借用對宮之天機（化忌）、天梁來論（天機木剋戌宮土且生火庫，則爲弱地。天梁土與戌宮土同類且爲火庫所生，則爲廟地），又本宮原坐有地劫星。故一生辛勞奔波、福分較淺，雖有清福可享，且人生中較有挫折與逆境，精神上的領域也爲空虛落寞。又身主天相星坐卯宮，天相水生卯宮木，則爲利地），且逢文曲同度（文曲水坐卯宮，亦爲利地），故壽元爲一般的平均壽命。

【疾厄】：坐天相於卯宮，且逢文曲、桃花同度，因天相、文曲、桃花之水受卯宮木所洩，故有精水枯竭、腎虛、陽痿、性神經衰弱或腦神經衰弱、水路之疾。

【夫妻】：無主星，則借用對宮之天同、太陰（化權）來論（天同水坐午宮火，乃爲水火相濟，則爲廟地。太陰坐午宮，乃爲陷地），又本宮原坐有擎羊（擎羊與天同、太陰同度，乃爲馬頭帶劍之格）、天姚，並落衰地，且對宮有火星坐陷地及天空來冲，再本宮又與身宮同宮。故可娶到一位個性剛強、主觀、內心性急、作事積極迅速，能力強，佔夫權的太太，彼此間的感情平平，意見、觀念及個性皆不合，且易生口舌爭執。

【子女】：坐紫微、七殺於巳宮（紫微土為巳宮火所生且生金的長生之地，則為旺地。七殺金被巳宮火所尅且與金的長生之地同類，則為平地），且逢祿存、天馬、右弼（化科）、歲破、紅鸞同度，並落旬空、病地。故於子女之中有個性剛直、心直無毒、鐵面無私、聰明機智、能言善道、臨事果決有魄力、具有領袖之風、事業有成且早遂青雲之志、一生富貴、衣食享用不缺、身分地位皆佳的子女，且自己可因而得貴，與自己的感情緣分皆佳。

【父母】：坐廉貞、破軍於酉宮（廉貞坐酉宮，乃為弱地。破軍坐酉宮乃為廟地），且逢左輔同度。故與父母的感情平平，緣分較缺，且意見、思想、觀念皆不合。

【兄弟】：無主星，則借用對宮之武曲、貪狼（化祿）來論（武曲金坐未宮，乃為未宮土所生且尅木庫，則為平地。貪狼木尅未宮土且與木庫同類，則為平地），又本宮原坐有天鉞星。故有個性剛直、能言善辯、興趣廣泛、作事急迅、不耐靜、喜喝酒賭博、早年辛勞，中晚年發富的兄弟姊妹，與自己的感情緣分尚佳，且有相助之力。

【人事】：坐武曲、貪狼（化祿）於丑宮（武曲金為丑宮土所生且與金庫同類，則為廟地。貪狼木尅丑宮土又為金庫所尅，則為陷地），且逢天魁、破碎同度。故早年難得朋友人事的相助，中晚年後較有朋友人事相助，且貴人晚逢，並可由朋友人事的相助而得財，但朋友或人事對自己的相助，離不了利益關係。

# ◉桃花合命

姓名：陳小姐
民國44年12月15日酉時瑞生
生年：乙未
局數：金四局
命主：廉貞
身主：天梁

## ◎命盤特點

本命坐紫微（化科）、天相，且逢化權、化祿夾命，三方遇天府、武曲、天魁、天鉞、天姚、桃花、紅鸞來合。夫妻宮坐貪狼，且逢陀羅、天空同度，並落絕地，對宮又有廉貞、地劫來冲。福德宮坐七殺，且逢火星同度，並落截空於午宮，乃爲火空則發。

| | | | |
|---|---|---|---|
| 天梁(權)<br>旬空 長生<br>父母 辛巳 | 火星 七殺<br>截空 沐浴<br>福德 壬午 | 鈴星<br>冠帶<br>田宅 癸未 | 天鉞 地劫 廉貞<br>孤辰 紅鸞 天刑 臨官<br>官祿 甲申 |
| 擎羊 天相 紫微(科)<br>寡宿 空亡 養<br>命宮 庚辰 | | | 帝旺<br>人事 乙酉 |
| 祿存 左輔 巨門 天機(祿)<br>胎<br>兄弟 己卯 | | | 破軍<br>衰<br>遷移 丙戌 |
| 陀羅 天空 貪狼<br>天喜 絕<br>夫妻 戊寅 | 文昌 文曲 太陰(忌) 太陽<br>破碎 天虛 墓<br>子女 己丑 | 天魁 天府 武曲<br>桃花 歲破 天姚 死<br>財帛 戊子 | 天馬 右弼 天同<br>天哭 病<br>疾厄 丁亥 |

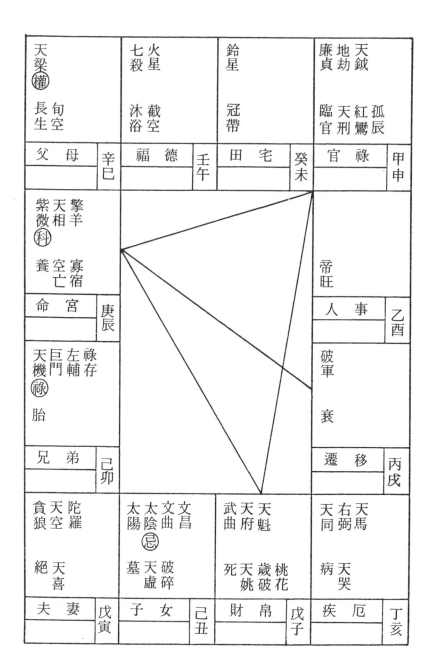

## ◎命盤論解

【本命】：坐紫微（化科）、天相於辰宮（紫微土與辰宮土同類又尅水庫，則為平地。天相水被辰宮土所尅且與水庫同類，則為平地），且逢擎羊（擎羊金為辰宮土所生且生水庫，則為旺地，較為不凶）、寡宿同度，並落空亡之地。身宮臨遷移宮坐破軍於戌宮，破軍水被戌宮土所尅且尅水庫，則為陷地），且落衰地。故其人個性剛直、言語直爽、能言善辯、作事任勞任怨，但心性急躁、不耐靜、行事快速且多進退，又易衝動、內心孤獨、人生辛勞。

本命坐紫微（化科）、天相，且有化權、化祿來夾，三方又有武曲、天府、天魁、天鉞來合。但本命落於空亡、天羅之地，且逢破軍於陷地來冲，武曲、天府又落死地，並有廉貞於陷地，及地劫、天姚、桃花、紅鸞來合。又命主廉貞星坐申宮，廉貞火尅申宮金且為水的長生之地所尅，則為陷地），且逢地劫、天鉞、天刑、紅鸞、孤辰同度，對宮又有陀羅於陷地，及天空來冲。故事業晚成，一生奔波辛勞且孤獨寂寞，人生旅途多困阻，並會落風塵之象，但可逢貴人相扶。

【遷移】：坐破軍於戌宮（破軍坐戌宮，乃為陷地），且落衰地。故在外或社交上凡事遷延難成，且困阻重重，雖有發展之象，並多辛勞奔波，有難以承負之感，又是非口舌爭執之事常有。

【官祿】：坐廉貞於申宮（廉貞坐申宮，乃爲陷地），且逢地劫、天鉞、孤辰、天刑、紅鸞同度，對宮又有陀羅於陷地，及天空來沖。故工作上較難順心如意，且工作上的壓力及困阻力亦大，辛勞奔波，並有工作上的是非與糾紛，或因工作而遭傷，或因工作而犯官非。不宜自創事業。

本宮坐廉貞、地劫、天鉞、紅鸞、天刑，命宮坐紫微（化科）、天相、擎羊，財帛宮坐武曲、天府、天魁、天姚、桃花等星。故最宜從事餐飲業、娛樂業、酒吧女、服務業、自由業、美容化粧業、秘書執行工作。

【財帛】：坐武曲、天府於子宮（武曲金生子宮水，則爲利地。天府土尅子宮水，則爲弱地。但武曲可化天府土生子宮水，天府土生武曲金生子宮水，則化天府爲利），且逢天魁、桃花、天姚、歲破同度，並落死地。故經濟收入尚佳，且爲活躍，並可賺取不固定之錢財，衣食享用亦爲不缺，但亦會有散財之事，又本人喜歡投機賭博。

【田宅】：無主星，則借用對宮之太陽、太陰（化忌）、文昌、文曲來論（太陽坐未宮，乃爲利地。太陰坐未宮，乃爲陷地），又本宮原坐有鈴星（鈴星火生未宮土且爲木庫所生，則爲旺地，較不凶）。故會擁有不動產，但置產較晚且辛勞不易，又所擁有不動產有限，但住所尙爲華麗高貴。

【福德】：坐七殺於午宮（七殺金被午宮火所尅，則爲陷地），且逢火星同度（火星火與午宮火同類，則爲旺地，且可制七殺金爲用，並落截空之地。故人生辛勞艱苦，成天忙碌，難享清心之福，內心孤寡空虛寂寞，精神的領域上時常緊張並難以安寧舒暢。又身主天梁星坐巳宮（天梁土爲巳宮火所生，且生金的長生之地，則爲旺地），又化權，並落旬空、長生之地。故壽元則爲一般的平均壽命。

【疾厄】：坐天同於亥宮，且逢右弼、天馬、天哭同度，並落病地。故一生無重大疾病，但須注意流行之疾病或性神經衰弱、精神疲乏、經水不調、性急心躁、積勞而疾。

【夫妻】：坐貪狼於寅宮（貪狼木與寅宮木同類且生火的長生之地，則爲旺地），且陀羅（陀羅金尅寅宮木，且被火的長生之地所尅，則爲陷地）、天空同度，並落絕地，又對宮有廉貞於陷地及地劫來冲。故可嫁到一位個性剛猛、性急好動、喜言善辯、興趣廣泛、有欺騙隱瞞之技巧，易迷戀花色、賭博、喝酒，但多才多藝的先生，且婚姻遷延難成，或有婚姻上的挫折，夫妻間的感情與緣分皆不佳，且意見、個性、思想、觀念上常爲不合，並會有爭吵，宜晚婚。

【子女】：坐太陽、太陰（化忌）於丑宮（太陽坐丑宮，乃爲陷地。太陰坐丑宮，乃爲廟地），且逢文昌、文曲、破碎、天虛同度。故於子女之中有個性耿直、聰明俊秀、口才佳、能言善道、多才多藝、內心好動性急、外貌溫文、落落大方、應變敏捷、心地善良寬和、有文藝之素養、早年辛勞，中晚年成就甚佳的子女，與自己感情尚佳，但早年緣分較缺。

【父母】：坐天梁（化權）於巳宮（天梁坐巳宮，乃爲旺地），且落旬空之地。故父母慈祥，且可得父母蔭護照顧，與父母的感情甚佳，但較爲缺緣。

【兄弟】：坐天機（化祿）、巨門於卯宮（天機木與卯宮木同類，則爲旺地。巨門水生卯宮木，則爲利地），且逢左輔、祿存同度。故有聰明機警、能言善道、記憶力口才皆佳、多才多藝、目光銳利、有強烈研究之心、勤勞謹慎、事業有成、經濟能力極佳，早年辛勞奔波的兄弟姊妹，與自己的感情尚佳，且可得相助，但早年緣分不佳。

【人事】：無主星，則借用對宮之天機（化祿）、巨門、祿存來論（天機木坐酉宮，乃爲酉宮金所尅，則爲陷地。巨門水爲酉宮，乃爲酉宮金所生，則爲廟地。但酉宮乃爲水敗木死之地）。故朋友與自己的交情，皆爲普通的交情，如有深交者，日久交情亦會淡薄，且可得朋友人事的相助，但朋友人事的相助，多難以貫徹始終，多是半途而廢。

# ◉紫府武相朝垣格

姓名：呂先生
民國51年3月26日寅時建生
生年：壬寅
局數：金四局
命主：祿存
身主：天機

## ◎命盤特點

本命坐廉貞、天馬，三方逢紫微（化權）、天相、武曲、天府、左輔（化科）、文曲來合，且遇右弼、文昌來照，乃爲紫府武相、左右、曲昌、權科會命之貴格。福德宮坐破軍於水庫，且落空亡。夫妻宮坐七殺　擎羊於子宮利地、落死地。子女宮坐天梁星落陷於亥宮，且逢天刑同度，又落病地。

| | | | |
|---|---|---|---|
| 鈴星 天鉞 天同<br>孤辰 旬空 長生<br>田宅 乙巳 | 文曲 左輔(科) 天府 武曲(忌)<br>沐浴<br>官祿 (身) 丙午 | 太陰 太陽<br>冠帶<br>人事 丁未 | 文昌 右弼 貪狼<br>天虛 臨官<br>遷移 戊申 |
| 破軍<br>天哭 空亡 養<br>福德 甲辰 | | | 天空 巨門 天機<br>破碎 歲破 帝旺<br>疾厄 己酉 |
| 火星 天魁<br>桃花 截空 天姚 胎<br>父母 癸卯 | | | 陀羅 天相 紫微(權)<br>衰<br>財帛 庚戌 |
| 天馬 廉貞<br>寡宿 絕<br>命宮 壬寅 | 地劫<br>墓<br>兄弟 癸丑 | 擎羊 七殺<br>死<br>夫妻 壬子 | 祿存 天梁(祿)<br>天刑 病<br>子女 辛亥 |

## ◎命盤論解

【本命】：坐廉貞於寅宮（廉貞火為寅宮木所生且與火的長生之地同類，則為廟地），且逢天馬、寡宿同度，並落絕地。身宮臨官祿宮坐武曲（化忌）、天府於午宮（武曲金被午宮火所尅，則為陷地。天府土為午宮火所生，則為廟地。但天府土可化午宮火生武曲金，午宮火生天府土生武曲金，則化武曲為廟），且逢左輔（化科）、文曲同度。故其人個性剛直、心直無毒、言語直爽、內心好動、不耐靜、度量寬宏、善於助人，作事果斷有魄力，並有任勞任怨之精神，且能言善辯、落落大方，但人生多奔波辛勞，難以清心享福。

本宮坐廉貞於廟地，且三方逢紫微（化權）、天相、武曲、天府、左輔（化科）、文曲來合，對宮有右弼、文昌來照，乃為紫府、武相、左右、昌曲、權科會命之貴格。但本命宮落於絕地，且武曲又化忌，紫微（化科）、天相逢陀羅同度，並落衰地。又命主祿存星坐亥宮（祿存土尅亥宮水且被木的長生之地所尅，則為陷地），且逢天梁（化祿）同度（天梁土坐亥宮，亦為陷地，則無力相扶），並落病地。故財官事業雖會有成就與富貴，但須經一番的奔波辛勞與努力，才會有所成果。

【遷移】：坐貪狼於申宮（貪狼木被申宮金所剋且爲水的長生之地所生，則爲平地），且逢右弼、文昌（文昌金與申宮金同類，且生水的長生之地，則爲旺地）、天虛同度。故在外或社交上皆爲順利且活躍，人際關係、社交能力、口才人緣亦佳，且善於反應機變，並有貴人相扶助，但亦有煩心之事。

【官祿】：坐武曲（化忌）、天府於午宮（武曲坐午宮，乃爲陷地。天府坐午宮，乃爲廟地。且天府可化武曲爲廟），且逢左輔（化科）、文曲同度（文曲水坐午宮火，乃爲水火相濟，則爲廟地）。故工作上或事業上皆爲順心如意，且最宜自立創業，並會逐漸擴展，成就非凡，更有助於經濟上的成長與收入，最宜以「財」爲業，但辛勞難免。

本宮坐武曲（化忌）、天府、左輔（化科）、文曲，命宮坐廉貞、天馬，財帛宮坐紫微（化權）、天相、陀羅等星。則最宜從事財經界官員、商貿金融財經事業、會計師、銀行人員、秘書參謀企劃幕僚工作、外交業務工作、仲介買賣、文化事業。

【財帛】：坐紫微（化權）、天相於戌宮（紫微土與戌宮同類且爲火庫所生，則爲廟地。天相水被戌宮土所剋且剋火庫，則爲陷地，且逢陀羅同度，並落衰地。故經濟能力尚佳，收入亦高且穩固，但在於經濟上的發展較有阻力，且賺錢辛勞，且須注意散財之事。

【田宅】：坐天同於巳宮（天同水尅巳宮火且爲金的長生之地所生，則爲平地，且逢天鉞、鈴星、孤辰同度，並落旬空之地。故會擁有不動產，但不動產有限，且置產不易又辛勞。

【福德】：坐破軍於辰宮（破軍水爲辰宮土所尅且與水庫同類，則爲平地），且逢天哭同度，並落空亡之地，又對宮有陀羅來冲。故人生辛勞奔波、內心好動不耐靜，難以安享清福，精神上的領域較爲空虛，且較容易緊張，並須意水厄或災難之事。又身主天機星坐酉宮（天機木被酉宮金所尅，則爲陷地），且逢巨門、天空同度，並酉宮乃爲水敗木絕之地。故壽元則低於一般平均壽命。

【疾厄】：坐天機、巨門於酉宮（酉宮乃水敗木絕之地），且逢天空、破碎、歲破同度。故須注意積勞而疾，肝功能不佳、肝病、四肢痲痺受傷或腎虛等症。

【夫妻】：坐七殺於子宮（七殺金生子宮水，則爲利地，較爲不凶），且逢擎羊同度（擎羊金坐子宮，與七殺同爲利地），並落死地。故可娶到一位個性剛強、重主觀、能力強、能言善辯、行事勇敢果決有魄力，更有男子之氣概，能獨當一面，並有機智的太太，彼此間的感情緣分尚可，但個性、意見上易生不合，且夫妻間的感情生活欠缺情調，宜晚婚。

【子女】：坐天梁（化祿）於亥宮（天梁土尅亥宮水且為木的長之地所尅，則為陷地），且逢祿存、天刑同度，並落病地，又對宮有鈴星來冲。故於子女之中有幼年身體不佳、體弱多病、個性溫和、面貌敦厚、心地善良、度量寬宏、聰明耿直、作事果決有魄力，生平喜研究宗教、哲學、醫理，一生辛勞奔波，事業晚成的子女，與自己感情尚佳，但早年緣分較缺。

【兄弟】：無主星，則借用對宮之太陽、太陰來論（太陽坐子宮，乃為陷地。太陰坐子宮，乃為廟地），又本宮原坐有地劫星。故有外剛內柔、內心急躁好動、相貌溫和端雅、聰明耿直、言語直爽，但作事進退不一，並多辛勞的兄弟姊妹，與自己感情尚佳，但緣分較缺，且無相助之力。

【人事】：坐太陽、太陰於未宮（太陽坐未宮，乃為利地。太陰坐未宮，乃為陷地），又對宮有地劫來冲。故朋友與自己的交情皆為普通交情，且朋友人事的助力不大，並與朋友人事間須注意糾紛之事。

## ◉七殺朝斗煞會命

姓名：許小姐
民國47年8月26日未時瑞生
生年：戊戌
局數：水二局
命主：祿存
身主：天相

### ◎命盤特點

本命坐紫微、天府，對宮逢七殺來朝，乃爲七殺朝斗之格，且三方逢武曲、天相來合，但對宮亦有火星，三方亦有鈴星、擎羊、地劫來合。夫妻宮坐破軍於截空之地，且逢地劫、擎羊來沖。

| | | | |
|---|---|---|---|
| 巨門 祿存<br>臨官 紅鸞 旬空 歲破<br>田宅 丁巳 | 廉貞 天相 地劫 擎羊<br>冠帶<br>官祿 戊午 | 天梁 天鉞<br>沐浴 寡宿<br>人事 己未 | 七殺 火星<br>長生 天姚 天哭<br>遷移 庚申 |
| 貪狼 天空 陀羅<br>(祿)<br>帝旺 天刑 空亡 天虛<br>福德 (身) 丙辰 | | | 天同<br>養<br>疾厄 辛酉 |
| 太陰 右弼 文昌<br>(權) (科)<br>衰 桃花<br>父母 乙卯 | | | 武曲 鈴星<br>胎<br>財帛 壬戌 |
| 紫微 天府<br>病<br>命宮 甲寅 | 天機 天魁<br>(忌)<br>死 破碎<br>兄弟 乙丑 | 破軍<br>墓 截空<br>夫妻 甲子 | 太陽 左輔 文曲 天馬<br>絕 天喜 孤辰<br>子女 癸亥 |

## ◎命盤論解

【本命】：坐紫微、天府於寅宮（紫微土被寅宮所尅且爲火的長生之地所生，則爲平地。天府土坐寅宮，與紫微同爲平地），且落病地。又身宮臨福德宮坐貪狼（化祿）於辰宮（貪狼木爲辰宮土水庫之濕土所生，則爲廟地），且逢天空、陀羅（陀羅金爲辰宮土所生且生水庫，則爲旺地，較爲不凶）、天刑、天虛同度，並落空亡之地。故其人稟性溫和、心內性急、聰明機智、興趣廣泛、度量寬宏、外剛內柔、幼年身體不佳、體弱多病、人生辛勞且孤獨。

本命坐紫微、天府，三方逢廉貞、天相、武曲來合，並逢七殺於對宮來照，乃爲七殺朝斗之格，但女命逢此格（紫府坐命宮），因爲太旺，所以有孤獨之感，且紫微、天府落於病地，對宮又有火星於陷地來冲。三方亦有鈴星、擎羊、地劫來合，則此格反爲凶煞星所冲破，又命主祿存星坐巳宮（祿存土爲巳宮火所生且生金的長生之地，則爲旺地），但逢巨門、歲破同度，並落旬空之地，故無力扶助本命。則一生辛勞奔波、孤獨，難有富貴，且事業無成，人生多坎坷。

【遷移】：坐七殺於申宮（七殺金與申宮金同類，且生水的長生之地，則爲旺地），且逢火星（火星火尅申宮金且被水的長生之地所尅，則爲陷地）、天哭、天姚同度。故在外或社交上凡事多困阻與波折，作事不順利，且煩心之事亦多，並有是非紛爭或身體受傷害之事。

【官祿】：坐廉貞、天相於午宮（廉貞火、午宮火同類，則爲旺地。天相水坐午宮火，乃爲水火相濟，則爲廟地），且逢地劫、擎羊同度（擎羊金被午宮火所尅，則爲陷地）。故工作上較不穩定，難有發展與成就，且工作上的困擾、糾紛、是非之事常有，並須注意因工作而受傷害或有官非之事。

本宮坐廉貞、天相、地劫、擎羊，命宮坐紫微、天府，財帛宮坐武曲、鈴星等星。故最宜從事服務業，專門才藝工作、技術工作、娛樂業、餐飲業、製造業或加工業。

【財帛】：坐武曲於戌宮（武曲金爲戌宮土所生且被火庫所尅，則爲平地），且逢鈴星同度（鈴星火生戌宮土且與火庫同類，則爲旺地），且逢天空來冲。故經濟收入有限，且較爲固定，賺錢辛勞，如能守成家計，亦會有所積蓄，但須注意散財之事。

【田宅】：坐巨門於巳宮（巨門水尅巳宮火且爲金的長生之地所生，則爲平地），且逢祿存、歲破、紅鸞同度，並落旬空之地。故早年無不動產，中晚後才會擁有不動產，但極爲有限，且不動產易生變動，並居住環境不佳。

【福德】：坐貪狼（化祿）於辰宮（貪狼坐辰宮，乃爲廟地），且逢天空、陀羅（陀羅坐辰宮，乃爲旺地，較爲不凶）、天虛、天刑同度，並落空亡之地。故人生辛勞奔波，難以清心享福，且人生希望上的寄託，容易成空，精神上的領域較爲空虛、孤獨、寞落，並常有憂煩之事，但喜研究人生哲學。又身主天相星坐午宮，乃爲廟地，但逢地劫、擎羊同守。故壽元則低於一般平均壽命。

【疾厄】：坐天同於酉宮，乃福星坐臨，故一生少病，且無重大疾病。但亦須注意風邪感冒、水腫、痔瘡或經水不調。

【夫妻】：坐破軍於子宮（破軍水與子宮水同類，則爲旺地），且落截空之地，又對宮有地劫、擎羊來沖。故可嫁到一位個性剛強、心性多疑、善欺騙、隱瞞、猜忌、作事急速，但多進退反覆、容易衝動，難以捉摸的先生，與自己感情平平，但緣分欠佳，個性、意見、思想、觀念上皆爲不合，且有爭執吵架之事。宜晚婚。

【子女】：坐太陽於戌宮（太陽坐戌宮，乃爲陷地），且逢左輔、天馬、文曲（文曲水與亥宮水同類且生木的長生之地，則爲旺地）、天喜、孤辰同度，並落絕地）。故在子女中有個性剛直、聰明俊秀、端雅、富有博愛之心、度量寬宏、心善耿直、能言善道、內心性急好動、早年辛勞奔波，事業晚成的子女，與自己感情尚佳，但早年緣分較缺。

【父母】：坐太陰（化權）於卯宮（太陰坐卯宮，乃爲弱地），且逢右弼（化科）、文昌、桃花同度，並落衰地。故父母慈祥和藹，與父母間的感情尚佳，但緣分較缺，且在父母中有身體健康不佳者。

【兄弟】：坐天機（化忌）於丑宮（天機木尅丑宮土且爲金庫所尅，則爲陷地），且逢天魁、破碎同度，並落衰地。故有聰明機警、計謀多端、心多計較、善猜忌、性疑、好動、好說善辯、多學少精，易趨於幻想的兄弟姊妹，與自己感情欠佳，且有口角爭執之事，並難得相助。

【人事】：坐天梁於未宮（天梁土與未宮土同類且被木庫所尅，則爲平地），且逢天鉞、寡宿同度。故朋友與自己的感情尚佳，且可得朋友人事的相助，但自己內性孤獨，因此較難有更廣濶的人事關係。

## ◉六吉會命

姓名：梁先生
民國18年1月5日寅時建生
生年：己巳
局數：水二局
命主：貪狼
身主：七殺

### ◎命盤特點

本命坐太陽，並有天魁同度，且逢文曲、祿存來照，及文昌、天鉞、左輔來合，乃爲六吉星會命。疾厄宮坐廉貞、七殺，遇擎羊同度，並逢地劫來沖。

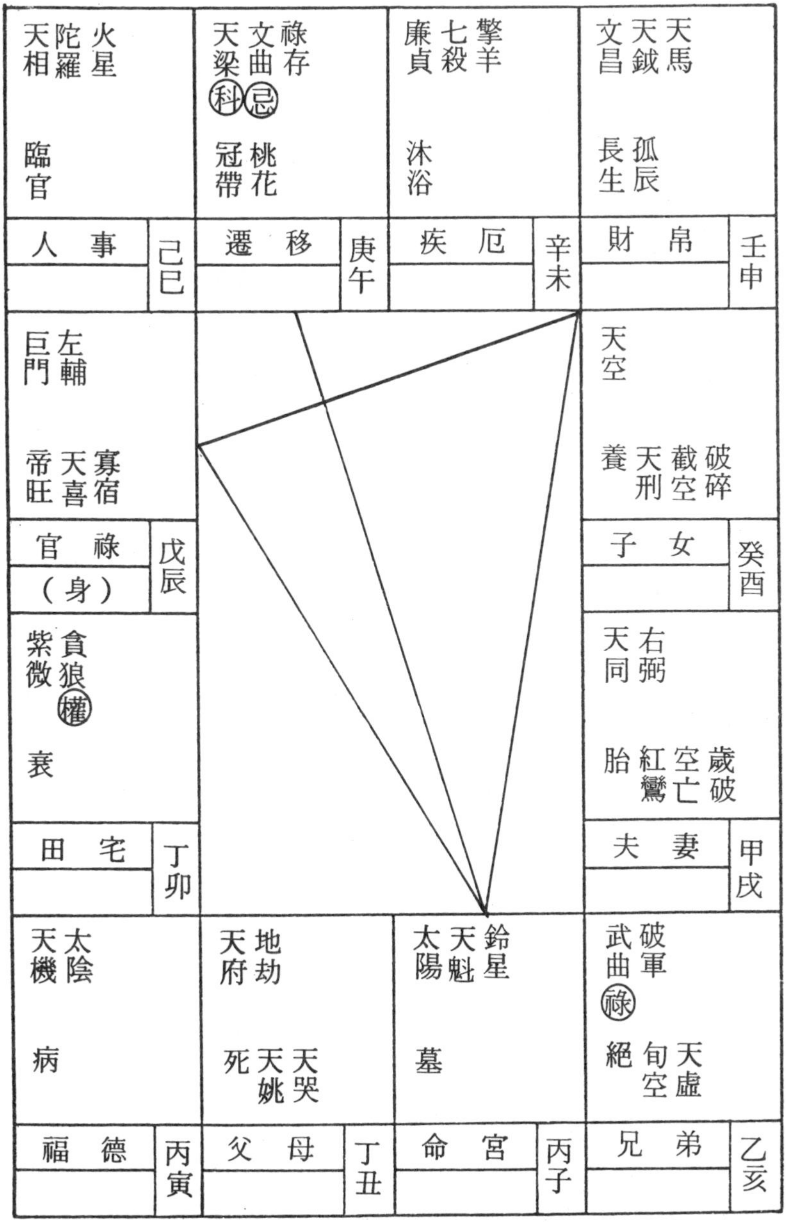
天相 陀羅 火星
臨官
人事 己巳
天梁 文曲 祿存
科 忌
冠帶 桃花
遷移 庚午
廉貞 七殺 擎羊
沐浴
疾厄 辛未
文昌 天鉞 天馬
長生 孤辰
財帛 壬申
巨門 左輔
帝旺 天喜 寡宿
官祿
（身）
戊辰
天空
養 天刑 截空 破碎
子女 癸酉
紫微 貪狼
權
衰
田宅 丁卯
天同 右弼
胎 紅鸞 空亡 歲破
夫妻 甲戌
天機 太陰
病
福德 丙寅
天府 地劫
死 天姚 天哭
父母 丁丑
太陽 天魁 鈴星
墓
命宮 丙子
武曲 破軍
祿
絕 旬空 天虛
兄弟 乙亥

## ◎命盤論解

【本命】：坐太陽於子宮（太陽坐子宮，乃爲陷地），且逢鈴星（鈴星火被子宮水所尅，則爲陷地）、天魁同度。身宮臨官祿宮坐巨門於辰宮（巨門水被辰宮土所尅且與水庫同類，則爲平地），且逢左輔、天喜、寡宿同度。故其人個性剛直、言語直爽、度量寬宏、不計是非、聰明慈愛，但較爲固執，有強烈的研究之心，口才尚佳，作事皆能貫徹始終、任勞任怨，人生辛勞且孤獨，並有是非口舌之事。

本命坐太陽，且逢天魁同度，對宮有天梁（化科）、文曲、祿存來照，三方有左輔、文昌、天鉞、天馬來合，乃爲六吉星會命，祿馬交馳之格。但本命之太陽落陷，且逢鈴星於陷地同守，並有化忌來沖，孤辰、寡宿來合。又命主貪狼星坐卯宮（貪狼木與卯宮木同類，則爲旺地），且又化權，及紫微同度（紫微土被卯宮木所尅，則爲陷地，故無相扶之力，並落衰地，對宮又有天空來沖。故事業晚成、富貴晚發，且早年辛勞奔波，並難有所成，人生較爲孤獨，宜早離鄉背井向外求發展，較爲吉利。

【遷移】：坐天梁（化科）於午宮（天梁土爲午宮火所生，則爲廟地），且逢文曲（化忌）（文曲水坐午宮火，乃爲水火相濟，則爲廟地）、祿存（天梁、文曲皆爲廟地，祿存亦可乘其廟而廟）、桃花同度，並對宮有鈴星來冲。故在外或社交上極爲順心如意，且人際關係、人緣、社交能力均佳，並多逢貴人相扶相助，及有很好的發展性，對經濟上的發展，更有相當大的助力，但辛勞不免，且小有口舌，最宜向外發展，亦可向海外發展。

【官祿】：坐巨門於辰宮（巨門坐辰宮，乃爲平均），且逢左輔、天喜、寡宿同度，又與身宮同宮。故工作上較爲競爭且奔波，早年對工作或事業上的發展，較難成功，並多困阻，中晚年後較爲順利及會有成果，且早白手建業。

本宮坐巨門、左輔，命宮坐太陽、天魁、鈴星，財帛宮坐文昌、天鉞、天馬，遷移宮坐祿存、天梁（化科）、文曲（化忌）等星。故最宜商貿財經界，經商作生意、服務界、文化事業、外交界、參謀幕僚企劃工作、自由界、學術藝術界、以口爲業、教育界。

【財帛】：坐文昌於申宮（文昌金與申宮金同類且生水的長生之地，則爲旺地），且逢天鉞、天馬同度。故經濟收入尚佳，且穩固，並可得各方面不固定的財利，或由副業生財，而且財源不缺又順利，且積財成富，衣食享用不乏。

【田宅】：坐紫微、貪狼（化權）於卯宮（紫微坐卯宮，乃爲陷地。貪狼坐卯宮，乃爲旺地），且落衰地，對宮又有天空來冲。故早年無不動產，且住所不穩定，中晚年後會擁有不動產，且較爲穩定，但不動產不多，住所尚爲高級，但較有外來的困擾之事。

【福德】：坐天機、太陰於寅宮（天機木與寅宮木同類且生火的長生之地，則爲旺地。太陰坐寅宮，乃爲利地），且落病地。故人生辛勞奔波、內心性急、永存奔動，難有清心之時，但勞中可生福生吉，且人生過得充實，有意義且快樂自在，並於晚年時較爲多病。又身主七殺星坐於未宮（七殺爲未宮土所生且尅木庫，則爲平地），且逢廉貞（廉貞火生未宮土且爲木庫所生，則爲旺地，較爲不凶）、擎羊同度，並有地劫來冲。故壽元則低於一般平均壽命。

【疾厄】：坐廉貞、七殺於未宮，且逢擎羊同度，並有地劫來冲。故須注意車禍困厄，身體受傷害，性急心躁、心臟不佳、失眠，或無名症、癌症。

【夫妻】：坐天同於戌宮（天同水被戌宮土所尅且尅火庫，則爲陷地），且逢右弼、紅鸞、歲破同度，並落空亡之地。故可娶到一位稟性溫和、聰明耿直、度量寬宏、心慈無亢激、辛勞之命、難享清福的太太，與自己感情尚佳，但緣分較缺。

【子女】：無主星，則借用對宮之紫微、貪狼（化權）來論（紫微土坐酉宮，乃生酉宮金，則爲利地。貪狼木坐酉宮，乃被酉宮金所尅，則爲陷地），又本宮原坐有天空、破碎、天刑，且落截之地。故於子女之中有個性剛強、勇猛、心直口快、作事乾脆且果決有魄力，但易生進退、內心好動、不耐靜，且不喜受人約束，喜自由自在、興趣廣泛，並極有創進發展之心，早年與自己的緣分及感情較缺，中晚年後才會漸漸深厚，且與個性、意見、思想上較難接近。

【父母】：坐天府於丑宮（天府土與丑宮土同類，且生金庫，則爲旺地），且逢地劫、天哭、天姚同度，並落死地，對宮又有擎羊來沖。故父母慈祥，但與父母的緣分不佳，且於父母中有身體健康不佳，或父母中有早亡者。

【兄弟】：坐武曲（化祿）、破軍於亥宮（武曲金生亥宮水且尅木的長生之地，則爲弱。破軍水與亥宮水同類且生木的長生之地，則爲旺地），且逢天虛同度，並落旬空、絕地。故有個性剛強、喜怒無常、心性急躁、易衝動，作事常進退，是非之事多的兄弟姊妹，與自己個性、感情、緣分皆不佳，且有財務糾紛之事。

【人事】：坐天相於巳宮（天相水尅巳宮火，且爲金的長生之地所生，則爲平地），且逢陀羅、火星同度。故朋友與自己的交情皆爲普通的交情，且難得朋友或人事的相助，並與朋友或人事之間須注意是非糾紛。

## ◉蟾宮折桂逢煞會

姓名：李小姐
民國53年10月28日寅時瑞生
生年：甲辰
局數：金四局
命主：文曲
身主：天相

◎命盤特點

本命坐太陰於酉宮，且逢太陽於巳宮來合，乃爲蟾宮折桂，但本命又逢天空坐守，且有擎羊來冲，及化忌、地劫、陀羅來合。

| | | | |
|---|---|---|---|
| 天馬 太陽 忌<br>孤辰 天喜 長生<br>財帛 己巳 | 文曲 破軍 權<br>天刑 養<br>子女 庚午 | 天鉞 天機<br>胎<br>夫妻 辛未 | 文昌 天府 紫微<br>截空 絕<br>兄弟 壬申 |
| 火星 武曲 科<br>沐浴<br>疾厄 戊辰 | | | 天空 太陰<br>桃花 墓<br>命宮 癸酉 |
| 擎羊 天同<br>旬空 冠帶<br>遷移 丁卯 | | | 貪狼<br>天虛 天姚 死<br>父母 甲戌 |
| 祿存 七殺<br>天哭 空亡 臨官<br>人事 丙寅 | 天魁 陀羅 地劫 右弼 左輔 天梁<br>破碎 寡宿 帝旺<br>官祿（身） 丁丑 | 鈴星 天相 廉貞 祿<br>衰<br>田宅 丙子 | 巨門<br>歲破 紅鸞 病<br>福德 乙亥 |

## ◎命盤論解

【本命】：坐太陰於酉宮（太陰坐酉宮，乃爲旺地），且逢天空、桃花同度。身宮臨官祿宮坐天梁於丑宮（天梁土與丑宮土同類，且生金庫，則爲旺地），且逢左輔、右弼、地劫、天魁、陀羅（陀羅金爲丑宮土所生且與金庫同類，則爲廟地，較爲不凶），寡宿、破碎同度。故其人聰明清秀、外貌文靜、內心好動性急，有潔癖，個性較爲極端，作事積極迅速、果決、有魄力，且能獨當一面，但易生進退，並重主見，人緣佳、口才好、能言善辯、喜研究哲學、藝術、學術或醫理，且易受異性的喜歡。

本命坐太陰於酉宮，且有太陽於巳宮來合，乃爲蟾宮折桂之格，又有天梁、左輔、右弼、天魁坐丑宮來合，及天同於卯宮來照。但本命宮又有天空同守，且有擎羊於對宮來沖，及地劫、化忌來合。幸身主文曲星坐午宮（文曲水坐午宮火，乃爲水火相濟，則爲廟地），且逢破軍（化權）同度（破軍水坐午宮火，亦爲水火相濟，同爲廟地）。故主人一生辛勞奔波，但事業財官會有所成就，且富貴皆有，但早年較不順利。

【遷移】：坐天同於卯宮（天同水生卯宮木，則爲利地），且逢擎羊同度，並落旬空之地，又對宮有天空來冲。故在外或社交上辛勞奔波，作事遷延難成，且多困阻，並有是非或糾紛之事，亦須注意身體受傷害。

【官祿】：坐天梁於丑宮（天梁土與丑宮土同類，且生金庫，則爲旺地），且逢左輔、右弼、地劫、陀羅（陀羅金爲丑宮土所生且與金庫同類，則爲廟地）、天魁、寡宿、破碎同度，又本宮與身宮。故其在工作或事業上會逐漸的升遷與發展，並有很好的發展機會，但在於工作或事業的發展上難免有困阻波折之事，如不臨陣脫逃或經常變動工作事業，則可越過困阻與波折，邁向走成功之路，並會逢貴人扶持。

本宮天梁、左輔、右弼、地劫、陀羅、天魁，命宮坐太陰、天空，財帛宮坐太陽（化忌）、天馬等星。故最宜從事自由業、服務業、仲介業、星相界、學術藝術界、醫學界、宗教界、餐飲業、參謀佐理工作。

【財帛】：坐太陽（化忌）於巳宮（太陽坐巳，乃爲廟地），且逢天馬、孤辰、天喜同度。故經濟力尚爲活躍，經濟收入亦佳，且可賺取各方面的不固定財利，但生活較爲浪費，金錢開支亦大，則時常散財。

【田宅】：坐廉貞（化祿）、天相於子宮（廉貞火坐子宮水，乃爲水火相濟，則爲廟地。天相水與子宮水同類，則爲旺地），且逢鈴星（鈴星火被子宮所尅，則爲陷地），並落衰地。故早年無不動產，中晚年後才會建立不動產，但所擁有的不動產有限，且住家環境有困擾之事。

【福德】：坐巨門於亥宮（巨門水與亥宮水同類且生木的長生之地，則為旺地），且逢紅鸞、歲破同度，並落病地，又對宮有化忌來冲。故人生辛忙，心神難定，但勞中動中可生福生吉，且於晚年時期體弱多病，並須注意血氣之疾。又身主天相星坐子宮（天相坐子宮，乃為旺地），且逢廉貞（化祿）（廉貞坐子宮，乃為廟地）、鈴星同度，並落衰地。故壽元為一般平均壽命。

【疾厄】：坐武曲（化科）於辰宮，且逢火星同度。故須注意心急氣躁、皮膚之疾、大腸秘結、咳嗽、或呼吸系統不佳。

【夫妻】：坐天機於未宮（天機木尅未宮土，且與木庫同類，則為平地），且逢天鉞同度，又對宮有地劫來冲。故可嫁到一位聰明機警、動作敏捷、勤勞謹愼、口才佳、能言善道、辦事積極、內心喜動、不耐靜、多才多藝的先生，夫妻間的感情緣分尚佳，但意見、思想上有時會不合而生口角。

【子女】：坐破軍（化權）於午宮（破軍坐午宮，乃為廟地），且逢文曲（文曲坐午宮，亦為廟地）、天刑同度，又對宮有鈴星來冲。故於子女之中有聰明機智、個性剛直、文武兼備、多才多藝、能言善道、作事積極果決有魄力、有威權，更具有領導之能、事業有成，但辛勞難免的子女，與自己感情尚佳，但早年時期緣分較缺，中晚年後彼此間的緣分會逐漸加深。

【父母】：坐貪狼於戌宮（貪狼木尅戌宮土且生火庫，則爲弱地），且逢天虛、天姚同度，並落死地。故與父母感情平淡，緣分欠缺，且在意見、個性、思想、觀念上皆爲不合，並在父母中有身體健康不佳者。

【兄弟】：坐紫微、天府於申宮（紫微土生申宮金且尅水的長生之地，則爲弱地。天府土坐申宮，與紫微同爲弱地），且逢文昌（文昌金與申宮金同類且生水的長生之地，則爲旺地）同度，並落截空、絕地，對宮又有七殺來冲。故有個性溫和、面貌敦厚、聰明機智、喜爭名得利，但辛勞奔波，且凡事多波折困阻，早年無所成就的兄弟姊妹，與自己感情尚佳，但緣分欠缺，且無相助之力。

【人事】：坐七殺於寅宮（七殺金尅寅宮木且被火的長生之地所尅，則爲陷地），且逢祿存、天哭同度，並落空亡之地。故朋友與自己相處的不佳，且與朋友或人事間常有是非口角爭執之事或有財務上的糾紛或互相陷害之事。

# ◉天同戌宮爲反背

姓名：李先生
民國45年10月8日丑時建生
生年：丙申
局數：木三局
命主：祿存
身主：天機

## ◎命盤特點

本命坐天同於戌宮，乃爲反背，且逢天空同守。遷移宮坐巨門逢陀羅，且落截空、空亡、衰地，對宮又有天空來沖。田宅宮坐天府逢左輔、右弼相扶。人事宮坐紫微、貪狼，且逢火星同度，乃爲火貪之格。

| | | | |
|---|---|---|---|
| 天馬 祿存 文曲 天相<br>旬空 病<br>疾厄　癸巳 | 擎羊 天梁<br>天刑 死<br>財帛　甲午 | 七殺 廉貞 忌<br>寡宿 紅鸞 墓<br>子女　乙未 | 絕<br>夫妻　丙申 |
| 陀羅 巨門<br>截空 空亡 衰<br>遷移　壬辰 | | | 天鉞 文昌 科<br>桃花 破碎 胎<br>兄弟　丁酉 |
| 火星 貪狼 紫微<br>歲破 帝旺<br>人事　辛卯 | | | 天空 天同 祿<br>天哭 天姚 養<br>命宮　戊戌 |
| 太陰 天機 權<br>天虛 臨官<br>官祿　庚寅 | 右弼 左輔 天府<br>天喜 冠帶<br>田宅　辛丑 | 地劫 太陽<br>沐浴<br>福德 （身）　庚子 | 鈴星 天魁 破軍 武曲<br>孤辰 長生<br>父母　己亥 |

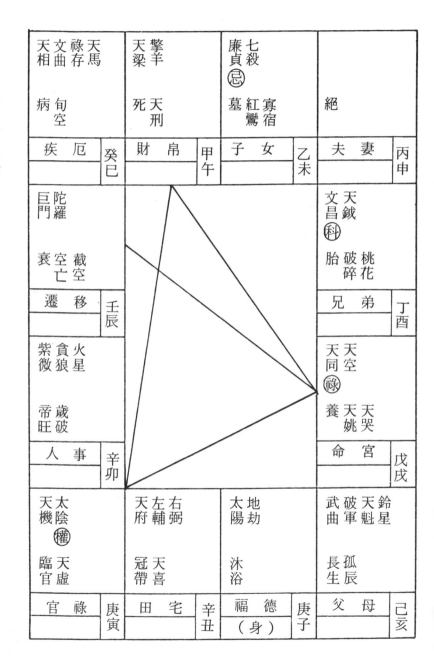

## ◎命盤論解

【本命】：坐天同（化祿）於戌宮（天同水被戌宮土所尅且尅火庫，則爲陷地，又稱爲反背），且逢天空、天哭、天姚同度。又身宮臨福德宮坐太陽於子宮（太陽坐子宮，乃爲陷地），且逢地刧同度。故其人相貌敦厚、內心急躁、個性剛僻、作事勤快迅速，但多先勤後墮，有始無終，雖胸懷大志、計劃遠大，及創造發展之心，但成敗多端、多災多非、錢財不聚，且得後必失，一生多辛勞飄泊，並有到頭辛苦一場空之感。

本命坐天同（化祿）於陷地，且逢天空同度，三方雖有天梁、天機、太陰（化權）來合，但天梁星落於死地，又有擎羊同守。幸命主祿存星坐於巳宮（祿存土爲巳宮火所生且生金的長生之地，則爲旺地），且逢天馬、天相、文曲同度，但落於旬空、病地。故主人一生辛勞波動，事業財官晚成，且成就有限。

【遷移】：坐巨門於辰宮（巨門水被辰宮土所尅且與水庫同類，則爲平地），且逢陀羅同度（陀羅金爲辰宮土所生且生水庫，則爲旺地，較爲不凶），並落於空亡、截空、衰地，對宮又有天空來冲。故在外或社交上凡事多競爭且艱辛勞苦，困阻波折亦多，難以順心如意，又作事將成之時易生變故，並有力不從心，辛勞終是一場空的感覺。

【官祿】：坐天機、太陰（化權）於寅宮（天機木與寅宮木同類且生火的長生之地，則爲旺地。太陰坐寅宮，乃爲利地），且逢天虛同度。故工作上的競爭較大，且勞心勞力費盡心思，早年較爲辛勞奔波，白手創業，中晚年後事業即會有所成果。

本宮坐天機、太陰（化權），命宮坐天同（化祿）、天空，財帛宮坐天梁、擎羊、天刑等星。故最宜從事企劃籌備幕僚工作，服務業、自由業、餐飲業、技術業、徵信調查業、農林水產業、星相業。

【財帛】：坐天梁於午宮（天梁土爲午宮火所生，則爲廟地），且逢擎羊（擎羊金被午宮所尅，則爲陷地）、天刑同度，並落死地，對宮又有地劫來沖。故經濟收入較不固定，也不穩定，並在於經濟上的發展也比較有困阻，賺錢辛勞，且常有破財之事，或有財務的糾紛與是非。

【田宅】：坐天府於丑宮（天府土與丑宮土同類且生金庫，則爲旺地），且逢左輔、右弼、天喜同度，並對宮有化忌來沖。故會擁有不動產，且不動產會漸漸的增加，但置產辛勞難免。亦可從事房地不動產事業，但因本命宮坐有天空、財帛宮有擎羊、落死地，且逢地劫來沖，故房地不動產不宜作長期的經營投資，宜短期的經營投資，如房地不動產買賣、仲介等。

【福德】：坐太陽於子宮（太陽坐子宮，乃爲陷地），且逢地劫同度，對宮又有擎羊來冲，又本宮與身宮同宮。故一生辛苦奔忙，凡事多波折困阻，福薄貴淺，縱有福亦難清享，精神上的領域也較爲空虛孤獨寞落，且在於晚年時期身體健康不佳，並須注意身體上的傷害。幸身主天機星坐寅宮（天機星坐寅宮，乃爲旺地），且逢太陰（化權）同度。故壽元則爲一般的平均壽命。

【疾厄】：坐天相於巳宮，且逢文曲、祿存、天馬同度，並落旬空、病地。故一生無重大疾病，但亦須注意糖尿病、腦神經衰弱、流行病、積勞成疾，因酒色引起之疾，或性神經衰弱。

【夫妻】：無主星，則借用對宮之天機、太陰（化權）來論（天機木坐申宮，乃爲申宮金所尅且生水的長生之地所生，則爲平地。太陰坐申宮，乃爲平地），又本宮原落於絕地。故可娶到一位聰明機敏、能言善道、內心好動性急、不耐靜、作事積極、多才多藝、度量寬和的太太，夫妻間的感情生活及緣分尚佳，但意見有時會不合。

【子女】：坐廉貞（化忌）、七殺於未宮（廉貞火生未宮土且爲木庫所生，則爲旺地。七殺金爲未宮土所生且尅木庫，則爲平地），且逢寡宿、紅鸞同度。故於子女中有個性剛強、喜言善辯、勇敢威猛、機智果斷、行事有魄力、作事急迅，但易生進退且不耐寂靜，內心孤獨的子女，與自己感情緣分不佳，且意見、個性、思想、觀念上皆難以接近。

【父母】：坐武曲、破軍於亥宮（武曲金生亥宮水且尅木的長生之地，則爲弱地。破軍水與亥宮水同類，且生木的長生之地，則爲旺地），且逢天魁、鈴星、孤辰同度。故與父母親的感情平淡，緣分不佳，且意見、個性、思想、觀念上皆爲不合。

【兄弟】：坐文昌（化科）於酉宮（文昌金與酉宮金同類，則爲旺地），且逢天鉞、桃花、破碎同度。故有聰明清秀、口才人緣皆佳、能言善道、機變敏捷、學識廣博、多學多精、氣質甚佳、事業有成的兄弟姊妹，與自己感情緣分皆佳，且可得相助，但意見上有時會不合。

【人事】：坐紫微、貪狼於卯宮（紫微土被卯宮木所尅，則爲陷地。貪狼木與卯宮木同類，則爲旺地），且逢火星同度（火星火爲卯宮木所生，則爲廟地，並與貪狼爲火貪之格）。故可得朋友或人事的相助，並可得高階層人士或豪貴的資助與扶持，人際關係亦佳，交遊甚廣，且所交往的朋友或人事皆爲中上階層的人士。

## ◉昌曲入夫左右夾爲貴妻

姓名：鄭小姐
民國51年11月26日酉時瑞生
生年：壬寅
局數：金四局
命主：文曲
身主：天機

### ◎命盤特點

本命無主星，且坐截空，又被空亡，天空於兩鄰宮來夾。財帛宮坐天梁（化祿），且逢祿存同度，乃爲雙祿交馳之格。夫妻宮坐文昌、文曲，且逢左輔（化科）、右弼於兩鄰宮來夾。子女宮坐七殺，且逢右弼、擎羊、鈴星同度，並落衰地，對宮又有化忌來冲。

| | | | |
|---|---|---|---|
| 天鉞 天同<br>旬空 孤辰 長生<br>福德 乙巳 | 天府 武曲 (忌)<br>養<br>田宅 丙午 | 太陰 太陽<br>天喜 天刑 胎<br>官祿 丁未 | 地劫 貪狼<br>天虛 絕<br>人事 戊申 |
| 破軍<br>空亡 天哭 沐浴<br>父母 甲辰 | | | 巨門 天機<br>破碎 歲破 墓<br>遷移 （身） 己酉 |
| 天魁<br>桃花 截空 冠帶<br>命宮 癸卯 | | | 火星 陀羅 天相 紫微 (權)<br>死<br>疾厄 庚戌 |
| 天馬 天空 左輔 (科) 廉貞<br>臨官<br>兄弟 壬寅 | 文昌 文曲<br>寡宿 紅鸞 帝旺<br>夫妻 癸丑 | 鈴星 擎羊 右弼 七殺<br>衰<br>子女 壬子 | 祿存 天梁 (祿)<br>天姚 病<br>財帛 辛亥 |

## ◎命盤論解

【本命】：無主星，且落於截空之地，又被空亡，天空於兩鄰宮來夾。父母宮坐破軍於天羅，且是水庫，又臨沐浴，一片見水，並落於空亡之地，對宮又有陀羅來冲。故其人幼年必爲難養。本命無主星，則借用對宮之天機、巨門來論（天機木坐卯宮，乃與卯宮木同類，則爲旺地。巨門水坐卯宮，乃生卯宮木，則爲利地），又本宮原坐有天魁、桃花，並落截空之地。身宮臨遷移宮坐天機、巨門於酉宮（天機木被酉宮金所尅，則爲陷地。巨門水爲酉宮金所生，則爲廟地），且逢破碎、歲破同度。故其人聰明伶俐、機變敏捷、能言善辯、人緣佳、心內好動性急、不耐寂靜、作事迅速，但多進退反覆，不喜受人約束指揮，且易趨於幻想，口才記憶力皆佳，並有強烈的研究之心，但多學少精。

本命無主星且落截空之地，又逢空亡、天空於兩鄰宮來夾，本命則受制，幸三方有太陽、太陰、天梁（化祿）、祿存來合（太陰坐未宮，天梁坐亥宮，皆爲陷地，故相扶之力有限），又命主文曲星坐丑宮（文曲水被丑宮土所尅又爲金庫所生，則爲平地），且逢文昌同度（文昌金爲丑宮土所生且與金庫同類，則爲廟地），並有左輔、右弼於兩鄰宮來夾。故早年凡事難成順，辛忙奔波，辛苦終是一場空，中晚年後較爲順利，且財官富貴會逐漸發跡。

【遷移】：坐天機、巨門於酉宮（天機坐酉宮，乃爲陷地。巨門坐酉宮，乃爲廟地。又本宮乃爲水敗木死之地），且逢破碎、歲破同度，並本宮又與身宮同宮。故在外或社交上難以順心如意，凡事多困阻與波折，且遷延難成，或是作事將成之時易生變故或失敗，並多是非口舌或常有紛爭之事。

【官祿】：坐太陽、太陰於未宮（太陽坐未宮，乃爲利地。太陰坐未宮，乃爲陷地），且逢天喜、天刑同度。故工作上較爲勞心勞力，早年難有成就與發展，中晚年後才會慢慢有所發展與成就，且是白手創業，但不宜太早創業，否則易遭失敗。

本宮坐太陽、太陰、天刑、天喜，命宮則借用天機、巨門、及原坐之天魁，財帛宮坐天梁（化祿）、祿存、天姚等星。故最宜從事企劃參謀執行工作、娛樂界、自由業、美容化粧、服飾設計、學術藝術研究工作、歌唱演藝、婚慶有關之行業。

【財帛】：坐天梁（化祿）於亥宮（天梁土尅亥宮水且被木的長生之地所尅，則爲陷地），且逢祿存、天姚同度，並落病地。故經濟收入尚佳，但較不穩定，且喜投機生財，生活也比較浪費，金錢開銷亦大，但若能守成家計，量入爲出，亦可積財成富。

【田宅】：坐武曲（化忌）、天府於午宮（武曲金被午宮火所尅，則爲陷地。天府土爲午宮火所生，則爲廟地。又天府土可化武曲爲廟，因午宮火生天府土生武曲金，故化武曲爲廟），且對宮有七殺、擎羊、鈴星來沖（七殺、擎羊坐子宮，乃爲利地，較爲不凶，但同宮之鈴星乃爲落陷，故破七殺、擎羊之利地，而反爲凶）。故會擁有不動產，且住所尚爲豪富，但所擁有的不動產有限，並須注意變動，且居家環境常有困擾或糾紛之事。

【福德】：坐天同於巳宮（天同水尅巳宮火且爲金的長生之地所生，則爲平地），且逢天鉞、孤辰同度，並落旬空之地。故一生的福分尚佳，勞中可生福生吉，但內心及精神上的領域較爲空虛孤獨且落寞。又身主天機星坐酉宮，乃爲陷地，且逢巨門、歲破、破碎同度，且酉宮乃爲水敗木死之地。故壽元則低於一般平均壽命。

【疾厄】：坐紫微（化權），天相於戌宮，且逢陀羅、火星同度，並落死地。故須注意積勞成疾、暗疾、皮膚病類、脾胃不佳、糖尿病、風濕痛、關節筋骨炎、或濕毒等症。

【夫妻】：坐文曲、文昌於丑宮（文曲水被丑宮土所尅且爲金庫所生，則爲平地。文昌金被丑宮土所生，且與金庫同類，則爲廟地），且逢紅鸞、寡宿同度，又有左輔、右弼於兩鄰宮來夾。故可嫁到一位聰明清秀俊麗秀氣、文質彬彬、機變敏捷、能言善道、口才人緣極佳、溫文灑脫、舉動悠閒儒雅、風度翩翩、學識廣博、落落大方、身分地位聲名皆佳的先生，夫妻間的感情生活及緣分極佳，且幸福美滿，並結婚後可因夫而得貴，但彼此的意見上有時會不合。

【子女】：坐七殺於子宮（七殺金生子宮水，則爲利地），且逢擎羊（擎羊金生子宮水，則爲利地）、鈴星（鈴星火被子宮水所尅，則爲陷地，且破七殺、擎羊之利地，而反爲凶）、右弼同弼（右弼則更扶助七殺、擎羊、鈴星之凶），並落衰地。故在子女之中有個性剛烈、易暴易怒、喜怒無常、六親寡緣、心內急躁亦衝動不耐靜、作事進退反覆不一，一生飄蕩不定且孤獨的子女，與自己感情、緣分皆不佳，意見、思想、觀念、個性上皆爲不合。或是無子嗣，或是子女中有夭折、傷殘者。

【父母】：坐破軍於辰宮（破軍水被辰宮所尅且與水庫同類，則爲平地），且逢天哭同度，並落沐浴、空亡之地（破軍水坐水庫又落沐浴水地，乃一片之水又遇空亡，則是水空則泛），又有旬空、截空於兩鄰空來夾，及對宮之陀羅來冲，幸本宮又被天魁、天鉞所夾，則可化減本宮之凶。故與母的約束管教力較強，且與父母間的感情與緣分不佳，意見、個性、思想、觀念上亦不合。

【兄弟】：坐廉貞坐寅宮（廉貞火爲寅宮木所生且與火的長生之地同類，則爲旺地），且逢左輔（化科）、天馬、天空同度，對宮又有地劫來冲。故有個性剛直、機智勇敢威猛、心直無毒、言語直爽、內心好動性急、不耐靜、作事迅速果決有魄力、辛勞奔波、勞心勞力，一生辛勞的兄弟姊妹，與自己的感情尚佳，但緣分較缺且無助力，意見、個性、思想上也較難以接近。

【人事】：坐貪狼於申宮（貪狼木被申宮金所尅，且被水的長生之地所生，則爲平地），且逢地劫同度，對宮又有天空來冲。故朋友與自己的交情多爲普通交情，難知心患難相扶助的朋友，且與朋友人事之間須注意口舌是非或爭執之事。

# ◉水空則泛

姓名：劉先生
民國49年2月19日未時建生
生年：庚子
局數：水二局
命主：廉貞
身主：天府

## ◎命盤特點

本命乃爲殺、破、狼之格局。財帛宮坐破軍於辰宮（水庫），且逢天空同度，並落空亡之地，乃爲水空則泛之格。夫妻宮坐武曲（化權）、天府（化科），且逢天鉞、地劫同度。

| | | | |
|---|---|---|---|
| 天馬 鈴星 左輔 天同(忌)<br>破碎 旬空 絕<br>子女 辛巳 | 天鉞 地劫 天府(科) 武曲(權)<br>天虛 天哭 胎<br>夫妻 壬午 | 陀羅 太陰 太陽(祿)<br>歲破 截空 養<br>兄弟 癸未 | 祿存 貪狼<br>長生<br>命宮 甲申 |
| 天空 破軍<br>空亡 墓<br>財帛 庚辰 | | | 火星 擎羊 右弼 巨門 天機<br>桃花 天喜 沐浴<br>父母 乙酉 |
| 文昌<br>紅鸞 死<br>疾厄 己卯 | | | 天相 紫微<br>寡宿 天刑 冠帶<br>福德（身） 丙戌 |
| 天魁 廉貞<br>孤辰 天姚 病<br>遷移 戊寅 | 衰<br>人事 己丑 | 七殺<br>帝旺<br>官祿 戊子 | 文曲 天梁<br>臨官<br>田宅 丁亥 |

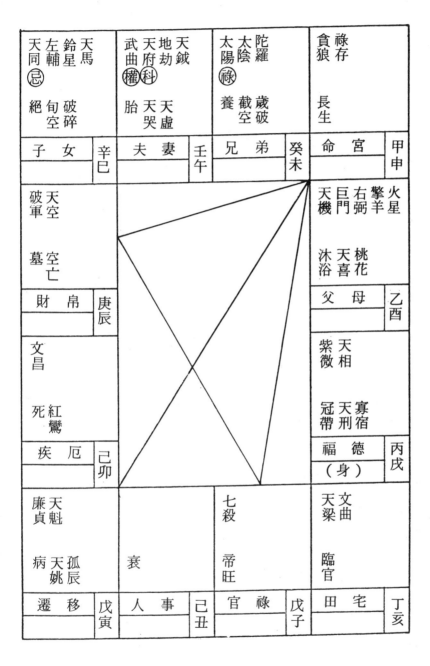

## ◎命盤論解

【本命】：坐貪狼於申宮（貪狼木被申宮金所尅且爲水的長生之地所生，則爲平地），且逢祿存同度。身宮臨福德宮坐紫微、天相於戌宮（紫微土與戌宮土同類且爲火庫所生，則爲廟地。天相水被戌宮土所尅，且尅火庫，則爲陷地），且逢天刑、寡宿同度。故其人個性剛直、聰明耿直、言語直爽、能言善道、興趣廣泛、多才多藝、作事思慮周詳謹愼，度量寬宏，富有惻隱之心，好客、人緣佳、性情穩重，行事有始有終、任勞任怨。

本命坐貪狼、祿存，三方逢破軍、七殺來合，乃爲殺、破、狼之格，又破軍星坐於水庫，且逢天空同度，並落空亡之地，則爲水空則泛。幸命主廉貞坐寅宮（廉貞火爲寅宮木所生且與火的長生之地同類，則爲旺地），且逢天魁同度。故早年事業難成，財官難有，且辛忙勞碌，亦是白手創業，中晚年後才會漸順利與發展，並會有所成果。

【遷移】：坐廉貞於寅宮（廉貞坐寅宮，乃爲旺地），且逢天魁、孤辰、天姚同度，並落病地。故在外或社交上較爲順心如意，且社交能力甚佳，並有貴人相扶相助，且人緣佳，但交遊不爲寬廣，且辛勞奔忙。

【官祿】：坐七殺於子宮（七殺金生子宮水，則爲利地），又對宮有地劫來沖，但被武曲（化權）、天府（化科）、及天鉞等吉星制化。故工作勞累辛忙，事業晚成，且是白手創業，但會逐漸的發展發跡。

本宮坐七殺，命宮坐貪狼、祿存，財帛宮坐破軍、天空等星。故最宜從事專門才藝、攝影繪畫、作家、表演、外交企劃幕僚接洽工作、技術業、娛樂業、服務業、旅遊業、徵信調查或農林水產業。

【財帛】：坐破軍於辰宮（破軍水被辰宮土所尅且與水庫同類，則爲平地），且逢天空同度，並落空亡之地（破軍水坐水庫，又與空亡星同度，乃爲水空則氾）。故經濟收入不穩定，也不固定，起伏不一，且在經濟的發展上較有困擾與阻力，並不宜從事經商、投資、或投機事業、更須注意散財之事，或財來財去，或財將到手之時又成空。

【田宅】：坐天梁於亥宮（天梁土尅亥宮水又被木的長生之地所尅，則爲陷地），且逢文曲同度（文曲水與亥宮水同類，且生木的長生之地，則爲旺地），又對宮有化忌、鈴星來沖。故早年無不動產，中晚年後才會擁有不動產，且置產不易又辛勞，並居家環境較有困擾、是非、煩雜之事。

【福德】：坐紫微、天相於戌宮（紫微坐戌宮，乃爲廟地。天相坐戌宮，乃爲陷地），且逢寡宿、天刑同度，對宮又有天空來冲，又本宮與身宮同宮。故人生較爲辛忙，但忙中可生福生吉，且可逢貴人相扶，凡事逢凶可化吉，遇難可化祥，早年辛勞奔波，晚年則可安享清福，但內心較爲孤獨空虛。又身主天府星坐午宮（天府土爲午宮火所生，則爲廟地），又化科，且逢武曲（化權）、天鉞、地劫同度（本宮旺盛不怕地劫相守）。故壽元則高於一般平均壽命。

【疾厄】：坐文昌於卯宮，且逢紅鸞同度，並落死地，對宮又有火星來冲。故須注意腦神經衰弱、性神經衰弱、呼吸系統不佳，或傷寒、血光之災。

【夫妻】：坐武曲（化權）、天府（化科）於午宮（武曲金被午宮火所尅，則爲陷地。天府土爲午宮火所生，則爲廟地。又天府可化武曲爲廟，因午宮火生天府土又生武曲金，則化武曲爲廟），且逢地劫、天鉞、天哭、天虛同度。故可娶到一位個性剛直、能力強、聰明機智、勇敢果決，持事有魄力及威權，言語直爽、心直無毒、能言善道、人緣佳、度量寬宏，具有領導之能，較重主見的太太，夫妻間的感情生活及緣皆佳，但意見、個性上有時會不合。

【子女】：坐天同（化忌）於巳宮（天同水尅巳宮火且爲金的長生之地所生，則爲平地），且逢左輔、鈴星、天馬、破碎同度，並落旬空、絕地。故於子女之中有個性剛強，內心好動性急，不耐靜、外貌敦厚、膽大出衆、作事急躁、進退不一，幼年體弱多病、多災難養，一生辛勞奔波，勞碌之命的子女，與自己感情平淡，緣分不佳，意見、個性、思想、觀念上皆爲不合。

【父母】：坐天機、巨門於酉宮（天機木被酉宮所尅，則爲陷地。巨門水爲酉宮金所生，則爲廟地。又本宮乃爲水敗木死之地），且逢右弼、擎羊（擎羊金與酉宮同類，則爲旺地，較不凶）、火星（火星尅酉宮金，則爲弱地）、桃花、天喜同度。故與父母的感情平平，緣分較缺，且個性、思想、觀念、意見上皆爲不合。

【兄弟】：坐太陽（化祿）、太陰於未宮（太陽坐未宮，乃爲利地。太陰坐未宮，乃爲陷地），且逢陀羅、歲破同度，並落截空之地。故有個性剛直，外貌溫和敦厚，內心好動性急，作事積極，人緣口才皆佳，不喜受人約束指揮，重主見、孤獨、作事難順的兄弟姊妹，與自己的感情尚佳，緣分較缺且無相助之力，意見、個性上皆難以接近。

【人事】：無主星，則借用對宮之太陽（化祿）、太陰來論（太陽坐丑宮，乃爲陷地。太陰坐丑宮，乃爲廟地），又本宮原落於衰地，對宮又有陀羅來冲。故朋友與自己的感情尚佳，並有相助之力，但助力不大，且與朋友人事之間亦須注意是非或對自己有阻礙之事。

## ◉昌曲魁鉞雙祿三奇佳會格

姓名：陳小姐
民國55年1月19日酉時瑞生
生年：丙午
局數：水二局
命主：武曲
身主：文昌

### ◎命盤特點

本命坐天同（化祿）、祿存，三方逢文昌（化科）、文曲、化權、天鉞來合，對宮又有天魁來照，乃爲昌曲、魁鉞、雙祿三奇佳格。子女宮坐廉貞、化忌，逢天空同度，並落空亡、病地，且遇地劫來沖。官祿宮坐天機（化權）、巨門於酉宮，縱有財官亦不榮。

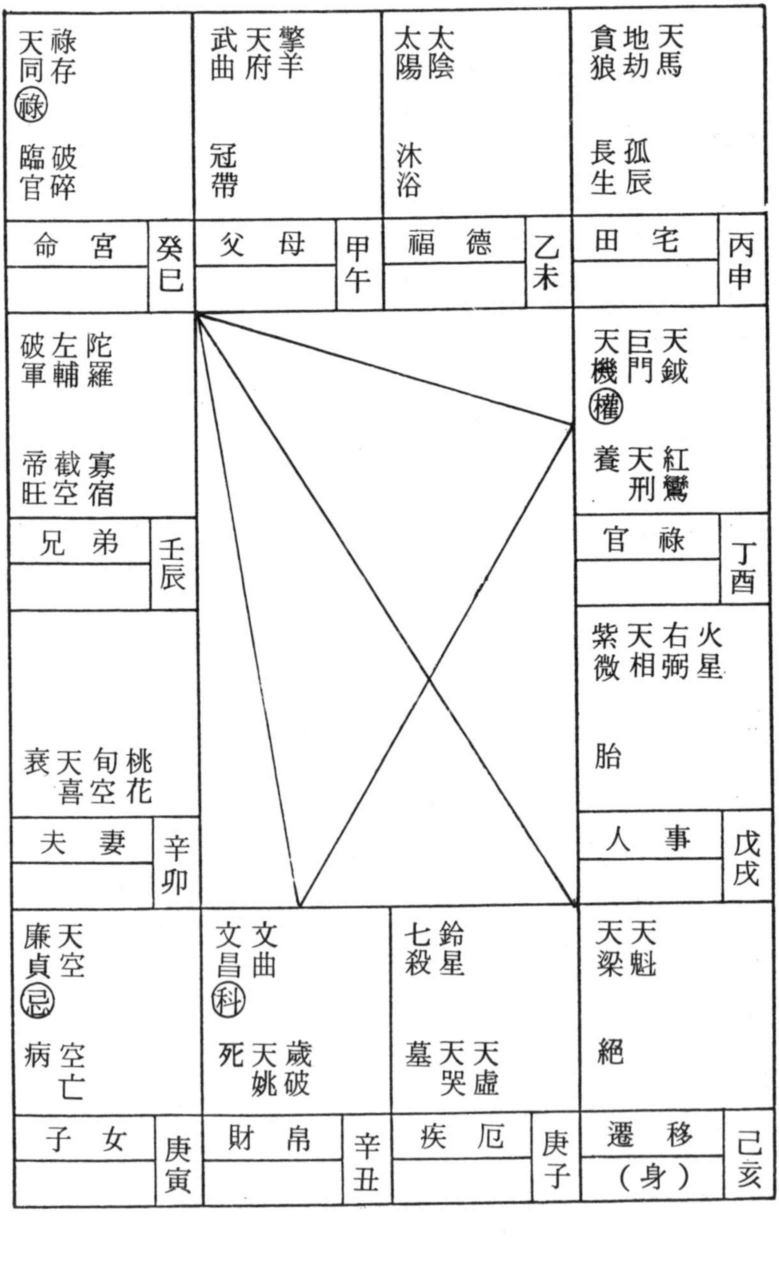
祿存 天同 祿 破碎 臨官
命宮 癸巳
擎羊 天府 武曲 冠帶
父母 甲午
太陰 太陽 沐浴
福德 乙未
天馬 地劫 貪狼 孤辰 長生
田宅 丙申
陀羅 左輔 破軍 寡宿 截空 帝旺
兄弟 壬辰
天鉞 巨門 天機 權 紅鸞 天刑 養
官祿 丁酉
桃花 旬空 天喜 衰
夫妻 辛卯
火星 右弼 天相 紫微 胎
人事 戊戌
天空 廉貞 忌 空亡 病
子女 庚寅
文曲 文昌 科 歲破 天姚 死
財帛 辛丑
鈴星 七殺 天虛 天哭 墓
疾厄 庚子
天魁 天梁 絕
遷移 （身） 己亥

## ◎命盤論解

【本命】：坐天同（化祿）於巳宮（天同水尅巳宮火且爲金的長生之地所生，則爲平地），且逢祿存、破碎同度。身宮臨遷移宮坐天梁於巳宮（天梁土尅亥宮水且被木的長生之地所尅，則爲陷地），且逢天魁同度，並落絕地。故其人心性溫和、外貌穩重、度量寬宏、聰明耿直、口才尚佳，作事果決有魄力，富有惻隱之心，一生有財，衣食享用不缺，福分亦佳。

本命坐天同（化祿）、祿存，三方有文昌（化科）、文曲、化權、天鉞來合，且對宮有天魁來照，乃爲昌曲、魁鉞、雙祿三奇佳會之格，又命主武曲星坐午宮（武曲星坐午宮，乃爲陷地，但天府可化武曲爲廟），且逢天府、擎羊同度，並對宮有鈴星來冲，且官祿宮坐天機（化權）、巨門於酉宮（酉宮乃是天機木死，巨門水敗之地）。故財官雙美，富貴雙全，事業大有發展及作爲，職高權重，但若不予珍惜愛護自身的富貴成就，則一切的富貴豐功偉業恐難持久，必遭重折。

【遷移】：坐天梁於巳宮（天梁坐巳宮，乃爲陷地），且逢天魁同度，並落絕地，又本宮與身宮同宮。故在外或社交上較爲辛勞奔波，早年時期也比較不順利，且在外或社交上也較無創造及發展力，但可逢貴人相扶相助而創造發展。

【官祿】：坐天機（化權）、巨門於酉宮（天機木被酉宮金所尅，則為陷地。巨門水為酉宮金所生，則為廟地。酉宮又為天機木死，巨門水敗之地），且逢天鉞、紅鸞、天刑同度。故工作上較為辛忙勞碌，且是白手創業，並職掌重權，事業會漸漸發展與成就，亦可投機生財，又有貴人相扶助，但事業工作上競爭難免，且擁有財官富貴時，必須善以把持珍惜，否則必會遭受重折破失（因天機、巨門坐酉宮，乃是天機木死，巨門水敗之地。故縱有財官亦難持久）。

本宮坐天機（化權）、巨門、天鉞、天刑、紅鸞，命宮坐天同（化祿）、化祿，財帛宮坐文昌（化科）、文曲、天姚等星。故最宜從事餐飲、服飾百貨、美容化粧、投機業、財經商貿、作生意、設計宣傳廣告企劃籌備工作，專門才藝業，婚慶行業或娛樂業、文化事業。

【財帛】：坐文昌（化科）、文曲於丑宮（文昌金為丑宮土所生且與金庫同類，則為廟地。文曲水被丑宮土所尅且為金庫所生，則為平地），且逢歲破、天姚同度，並落死地。故經濟收入佳，且穩固，一生富足，享用不缺，衣食華貴，並可積財成富，但開銷較大，且難節制，故會因而散財。

【田宅】：坐貪狼於申宮（貪狼木被申宮所尅且為水的長生之地所生，則為平地），且逢地劫、天馬、孤辰同度，又對宮有天空，化忌來冲。故早年無不動產，中晚年後才會擁有不動產，但不動產易生變動或耗損破失，且住所常有遷動的現象，或住家環境常有困擾糾紛煩雜之事，或有家務不動產上的困擾糾紛。

【福德】：坐太陽、太陰於未宮（太陽坐未宮，乃爲利地。太陰坐未宮，乃爲陷地）。故其一生福分佳，勞中忙中可生吉生福，且享用極佳且富足，凡事皆可逢凶化吉，遇難呈祥。又身主文昌星坐丑宮，乃爲廟地，且化科，又逢文曲同度，但落於死地。故壽元則爲一般的平均壽命。

【疾厄】：坐七殺於子宮，且逢鈴星、天哭、天虛同度，對宮又有擎羊來冲。故須注意身體傷害、大腸乾燥、呼吸系統之疾、陰虧、濕毒、皮膚之疾，或心氣不足、心疾等症。

【夫妻】：無主星，則借用對宮之天機（化權）、巨門來論（天機木坐卯宮，乃與卯宮木同宮，則爲旺地。巨門水坐卯宮，乃生卯宮木，則爲利地），又本宮原坐有桃花、天喜，並落旬空、衰地。故可嫁到一位聰明機敏、能言善道、口才人緣記憶力皆佳、目光銳利、勤勞謹愼、多才多藝、有強烈研究之心的先生，夫妻的感情緣分尚佳，但意見、個性、觀念、思想有時會不合。

【子女】：坐廉貞（化忌）於寅宮（廉貞火爲寅宮木所生，且與火的長生之地同類，則爲廟地），且逢天空同度，並落空亡、病地，又對宮有地劫來冲。故於子女之中有體弱多病，幼年難養，個性剛強怪僻、孤獨，與人寡合、喜怒不定，一生多災多難的子女，且須注意身患癌症、無名症、心臟病或傷殘，與自己感情及緣分皆不佳，意見、個性、觀念、思想亦不合。或是無子嗣之現象。

【父母】：坐武曲、天府於午宮（武曲金被午宮火所尅，則爲陷地。天府土爲午宮火所生，則爲廟地。又天府可化武曲爲廟，因午宮火生天府土生武曲金，則化武曲爲廟），且擎羊同度（擎羊金被午宮所尅，則爲陷地），又對宮有鈴星、七殺來冲。故父母慈祥，但管束力較嚴，自己與父母的感情及緣分平平，但意見、個性、觀念思想上皆不合。

【兄弟】：坐破軍於辰宮（破軍水被辰宮土所尅且與水庫同類，則爲平地），且逢左輔、陀羅（陀羅金爲辰宮土所生且生水庫，則爲旺地，較不凶）、寡宿同度，並落截空之地。故有個性剛強，內心性急好動，不耐靜，且易衝動，孤獨寡合，一生奔波辛忙的兄弟姊妹，與自己感情平淡，緣分不佳，個性、意見、觀念、思想上皆不合。

【人事】：坐紫微、天相於戌宮（紫微土與戌宮土同類且爲火庫所生，則爲廟地。天相水被戌宮土所尅且尅火庫，則爲陷地），且逢右弼、火星同度（火星火生戌宮土且與火庫同類，則爲旺地）。故交遊寬廣，且所交往都是中上階層人士，並可得朋友人事或貴人的相扶相助。

# ◉火貪祿馬交馳

姓名：蔡先生
民國43年8月25日戌時建生
生年：甲午
局數：火六局
命主：巨門
身主：文昌

## ◎命盤特點

本命無主星，借用對宮之廉貞（化祿）、貪狼來論，又本命原坐火星、天馬，乃爲火貪祿馬交馳之格。

| | | | |
|---|---|---|---|
| 貪狼<br>廉貞（祿）<br>破碎<br>臨官<br>遷移　己巳 | 巨門<br>帝旺<br>疾厄　庚午 | 天鉞<br>天相<br>衰<br>財帛（身）　辛未 | 天梁<br>天同<br>孤辰<br>天姚<br>病<br>子女　壬申 |
| 太陰<br>寡宿<br>天刑<br>冠帶<br>人事　戊辰 | | | 地劫<br>七殺<br>武曲（科）<br>紅鸞<br>死<br>夫妻　癸酉 |
| 擎羊<br>右弼<br>天府<br>桃花<br>天喜<br>沐浴<br>官祿　丁卯 | | | 太陽（忌）<br>墓<br>兄弟　甲戌 |
| 祿存<br>文曲<br>長生<br>田宅　丙寅 | 鈴星<br>天魁<br>陀羅<br>天空<br>破軍<br>紫微（權）<br>歲破<br>養<br>福德　丁丑 | 文昌<br>天機<br>天虛<br>天哭<br>胎<br>父母　丙子 | 天馬<br>火星<br>左輔<br>絕<br>命宮　乙亥 |

## ◎命盤論解

【本命】：無主星，則借用對宮之廉貞（化祿）、貪狼來論（廉貞火坐亥宮，乃被亥宮水所尅且爲木的長生之地所生，則爲平地。貪狼木爲亥宮水所生且與木的長生之地所生，則爲平地。貪狼木爲亥宮水所生且與木的長生之地同類，則爲廟地），又本宮原坐有左輔、火星、天馬同度，乃爲火貪、祿馬交馳之格，並落絕地。身宮臨財帛宮坐天相於未宮（天相水被未宮土所尅且生木庫，則爲陷地），且逢天鉞同度，並落衰地。故其人個性剛強威猛、勇敢機智、膽大出衆、興趣廣泛，作事果決有魄力及威權、能言善辯、反應機敏，內心好動性耐且不耐靜，喜賭博戀酒迷花、好客、好管閒事打抱不平，並喜愛奇珍異品。

本命無主星借用對宮之廉貞、化祿、貪狼，又本命原坐有火星、天馬、左輔，乃爲火貪祿馬交馳之格，三方又有天相、天鉞、天府、右弼來合，又爲府相朝垣格，且命主巨門星坐午宮，乃爲廟地。但本命宮落於絕地，天相星，乃坐於陷地，且落衰地，天府星，亦是坐陷地，且逢擎羊同守。故早年辛勞奔波，雖有發展與成果，中年後則會發富發跡，富貴榮身，事業大展鴻圖，且是白手創業。

【遷移】：坐廉貞（化祿）、貪狼於巳宮（廉貞火與巳宮火同類，且尅火的長生之地，則爲平地。貪狼木生巳宮火，且被金的長生之地所尅，則爲陷地），且逢破碎同度。故在外或社交上作事先難後易，先勞後逸，社交能力亦強，且交遊甚廣，人際關係亦佳，並有財利可得，但在外或社交上的金錢開銷亦大。

【官祿】：坐天府於卯宮（天府土被卯宮木所尅，則爲陷地），且逢右弼、擎羊（擎羊金尅卯宮木，則爲弱地）、桃花、天喜同度，對宮又有地劫來冲。故早年事業不順利且無所成就，創業艱辛，又辛忙勞碌，並有爭強奪利之心，且喜投機生財，但中晚年後才會逐漸的發展發跡。

本宮坐天府、右弼、擎羊、桃花、天喜，命宮無主星，則借用對宮之廉貞（化祿）、貪狼，又本命宮原坐有左輔、火星、天馬，財帛宮坐天相、天鉞等星。故最宜從事仲介買賣事業、經商貿易、餐飲業、企業實業界、股票投機業、娛樂業、企劃宣傳外交執行工作。

【財帛】：坐天相於未宮（天相水被未宮土所尅且生木庫，則爲陷地），且逢天鉞同度，並落衰地，對宮又有天空、鈴星來冲，本宮又與身宮同宮。故經濟收入尚爲穩定，且早期經濟的發展較爲不佳，但經濟率會慢慢的成長，經濟收入亦會跟著提升，但金錢的開銷亦大，且較不節制，尤其在飲食、交際方面。

【田宅】：坐文曲於寅宮（文曲水生寅宮木且尅火的長生之地，則爲弱地），且逢祿存同度。故早年無不動產，中年後才會擁有不動產，且有慢慢趨富的現象。

【福德】：坐紫微、破軍（化權）於丑宮（紫微土與丑宮土同類，且生金庫，則爲旺地。破軍水被丑宮土所尅，且爲金庫所生，則爲平地），且逢天空、陀羅（陀羅金爲丑宮土所生，且與金庫同類，則爲廟地，較不凶）、天魁、鈴星、歲破同度。故一生忙碌奔波，內心好動性急，難以心靜，精神亦難安定，但作事積進，並命掌權柄，且難享清福，又身主文昌星坐子宮，乃爲利地，且逢天機同度（天機坐子宮，乃爲廟地）。故壽元爲一般平均壽命。

【疾厄】：坐巨門於午宮（巨門水坐午宮，乃爲水火相濟，則爲廟地）。故一生無重大疾病且身體健康，但亦須注意皮膚之疾或耳目之疾。

【夫妻】：坐武曲（化科）、七殺於酉宮（武曲、七殺金與酉宮金同類，皆爲旺地），且逢地劫、紅鸞同度，並落死地，又對宮有擎羊來冲。故可娶到一位個性剛強、孤僻、性急、不耐靜、喜怒不定、勇敢威猛、重主見、喜言辯、作事急迅不服輸，但易生進退，且有男子之個性，易衝動的太太，夫妻間的感情平平，緣分較缺，且意見、個性、思想、觀念上皆不合，甚至吵架，宜晚婚。

【子女】：坐天同、天梁於申宮（天同水爲申宮金所生且與水的長生之地同類，則爲廟地。天梁土生申宮金且尅水的長生之地），且逢孤辰、天姚同度，並落病地。故於子女之中有個性溫和，外貌敦厚穩重，心地善良，度量寬宏，聰明耿直，作事果決有魄力及名士之風度，口才佳，且富有惻隱之心，故好施濟，平生喜研究哲學、宗教、學術或醫學的子女，與自己感情及緣分皆佳，但思想上較不接近。

【父母】：坐天機坐子宮（天機木為子宮水所生，則為廟地），且逢文昌（文昌金生子宮水，則為利地）、天哭、天虛同度。故父母親慈祥且和藹可親，對自己亦多為關照護蔭，彼此間的感情及緣分皆佳，但意見上較不接近。

【兄弟】：坐太陽（化忌）於戌宮（太陽坐戌宮，乃為陷地）。故有個性剛直，作事先勤後墮，有始無終，一生辛勞奔波，難有所成，且有是非的兄弟姊妹，與自己感情平淡、緣分不佳，意見、個性、思想、觀念上皆不合，且無相助之力。

【人事】：坐太陰於辰宮（太陰坐辰宮，乃為陷地），且逢天刑、寡宿同度，對宮又有化忌來沖。故朋友與自己的交情皆是普通的交情，且無相助之力，並與朋友人事間亦須注意是非之事。

## ◉因子而貴

姓名：賈小姐
民國52年12月6日戌時瑞生
生年：癸卯
局數：水二局
命主：文曲
身主：天同

### ◎命盤特點

本命坐天機、巨門（化權），且逢左輔、天魁同度。子女宮坐武曲、天府，且逢文昌祿存同度。

| | | | |
|---|---|---|---|
| 天鉞 天梁<br>孤辰 破碎 旬空 絕<br>福德 丁巳 | 七殺<br>天喜 胎<br>田宅 戊午 | 火星<br>養<br>官祿 己未 | 鈴星 廉貞<br>歲破 天刑 長生<br>人事 庚申 |
| 天相 紫微<br>空亡 墓<br>父母 丙辰 | | | 地劫<br>天虛 沐浴<br>遷移 辛酉 |
| 天魁 左輔 巨門(權) 天機<br>天哭 死<br>命宮 乙卯 | | | 破軍(祿)<br>冠帶<br>疾厄 壬戌 |
| 文曲 貪狼(忌)<br>病<br>兄弟 甲寅 | 擎羊 天空 太陰(科) 太陽<br>寡宿 截空 衰<br>夫妻 乙丑 | 祿存 文昌 天府 武曲<br>紅鸞 天姚 帝旺<br>子女 甲子 | 天馬 陀羅 右弼 天同<br>臨官<br>財帛 (身) 癸亥 |

## ◎命盤論解

【本命】：坐天機、巨門（化權）於卯宮（天機木與卯宮木同類，則爲旺地。巨門水生卯宮木，則爲利地），且逢天魁、左輔同度，並落死地。身宮臨財帛宮坐天同於亥宮（天同水與亥宮水同類，且生木的長生之地，則爲旺地），且逢右弼、陀羅、天馬同度。故其人聰明機警、反應敏捷、能言善辯、內心好動性急、作事迅速積極、不耐寂靜、不喜受人約束，但熱於助人，且目光銳利，記憶力亦佳，有強烈的研究之心，並多才多藝。

本命坐天機、巨門（化權）、左輔、天魁，三方逢天同、右弼、天馬，及借用的太陽、太陰（化科）來合，但本命落於死地，且又有陀羅來合，又命主文曲星坐寅宮，乃爲弱地，且逢貪狼（化忌）同度，並落病地。故早年難有財官富貴與成就，且多辛勞奔波，更不宜創業，中晚年後才適合創業，且會漸漸發展及成果，不宜承祖業祖產。

【遷移】：無主星，則借用對宮之天機、巨門（化權）來論（天機木坐酉宮，乃爲酉宮金所尅，則爲陷地。巨門水坐酉宮，乃爲酉宮金所生，則爲廟地。又酉宮乃爲天機木死，巨門水敗之地），又本宮原坐有地劫、天虛。故在外在社交事事遷延難成，難以順心如意，事將成之時易生變故，且困阻、波折，是非亦多，並在外在社交上的發展有困難重重之感。

【官祿】：無主星，則借用對宮之太陽、太陰（化科）來論（太陽坐未宮，乃爲利地。太陰坐未宮，乃爲陷地），又本宮原坐有火星（火星火生未宮土且爲木庫所生，則爲旺地，較不凶）。工作上較爲競爭且辛忙勞碌，早年較不順利且難有發展之跡，中晚年後才會漸漸的發展順利及成果。

本宮借用對宮之太陽、太陰（化科），及原坐的火星，命宮坐天機、巨門（化權）、左輔、天魁，財帛宮坐天同、右弼、陀羅、天馬等星。故最宜從事自由業、服務業、企劃設計宣傳廣告籌備工作、服裝設計、百貨行、仲介買賣、歌唱演藝業、專門才藝業、打字印刷出版業。

【財帛】：坐天同於亥宮（天同坐亥宮，乃爲旺地），且逢右弼、陀羅、天馬同度，又本宮與身宮同宮。故經濟收入尚佳，且可賺取各方面的不固定財利，但不極爲穩定，衣食享用方面尚爲不缺，且金錢的開銷亦大且較浪費，則很容易引起金錢的流失，若能量入爲出，亦可積財成富。

【田宅】：坐七殺於午宮（七殺金被午宮火所尅，則爲陷地），且逢天喜同度。故難擁有不動產，如有不動亦是易生變動或耗損破失，且有家務的困擾或糾紛之事。

【福德】：坐天梁於巳宮（天梁土爲巳宮火所生且生金的長生之地，則爲旺地），且逢天鉞、孤辰、破碎同度，並落旬空、絕地，對宮又有陀羅來冲。故一生的福分平平，且須勞中才有福生，又貴人難以時逢所須，必須一分的耕耘才有一分的收穫，且在精神的領域上也較孤獨空虛。又身主天同星坐亥宮，乃爲旺地，且逢右弼、陀羅、天馬同度。故壽元則爲一般的平均壽命。

【疾厄】：坐破軍（化祿）於戌宮，破軍水則受戌宮土所尅，且又尅火庫。故須注意經水枯竭，經水不調，皮膚之疾，手淫意淫，生殖器官之疾，或一切水疾。

【夫妻】：坐太陽、太陰（化科）於丑宮（太陽坐丑宮，乃爲陷地。太陰坐丑宮，乃爲廟地），且逢天空、擎羊（擎羊金爲丑宮土所生，且與金庫同類，則爲廟地）、寡宿同度，並落截空、衰地。故可嫁到一位個性剛強，內心性急好動，不靜，略帶孤僻寡合，且喜怒不一，喜言好辯，我行我素，不喜受制於人，獨斷專行，一生辛勞奔波的先生，與自己的感情冷熱不定，緣分不佳，意見、個性、觀念、思想上皆不合，且易生口角爭執。

【子女】：坐武曲、天府於子宮（武曲金生子宮水，則爲利地。天府土尅子宮水，則爲弱地。又武曲可化天府爲利，因天府土生武曲金生子宮水，故化天府爲利），且逢文昌（文昌金生子宮水，則爲利地）、祿存、天姚、紅鸞同度。故於子女之中有聰明耿直、俊秀瀟灑、度量寬宏、作事果決有魄力，具有領導之能、多才多藝、能言善道、落落大方、事業有成，且成就非凡，身分地位經濟能力皆佳的子女，又自己可因而得貴，彼此的感情及緣分皆深。

【父母】：坐紫微、天相於辰宮（紫微土與辰宮土同類，且尅水庫，則爲平地。天相水被辰宮土所尅，且與水庫同類，則爲平地），並落空亡之地。故父母親慈祥且對自己極爲照顧，彼此間的感情甚佳，但緣分較缺。

【兄弟】：坐貪狼（化忌）於寅宮（貪狼木與寅宮木同類，且生火的長生之地，則爲旺地），且逢文曲同度，並落病地，對宮又有鈴星來冲。故有個性剛強威猛、喜言好辯、好動不耐靜、興趣廣泛，作事急迅但易生進退，好賭博迷酒戀花，好高騖遠的兄弟姊妹，早年與自己的感情及緣分不佳，中晚年後較佳，且在於意見、觀念、個性、思想上較不合。

【人事】：坐廉貞於申宮（廉貞火尅申宮金，且被水的長生之地所尅，則爲陷地），且逢鈴星（鈴星火坐申宮，與廉貞同爲陷地）、歲破、天刑同度，對宮又有化忌來冲。故難有患難相扶知心之友，且與朋友人事之間常有口角爭紛之事，並須注意朋友人事的陷害。

## ◉雙祿馬加會格

姓名：張先生

民國41年8月26日寅時建生

生年：壬辰

局數：水二局

命主：武曲

身主：天相

### ◎命盤特點

本命坐天梁（化祿），三方逢祿存、天馬、左輔（化科）、右弼、天魁來合，乃爲雙祿馬交會之格。

| | | | |
|---|---|---|---|
| 天鉞 巨門<br>孤辰 天喜 絕<br>夫妻<br>乙巳 | 文曲 天相 廉貞<br>空亡 胎<br>兄弟<br>丙午 | 天梁 (祿)<br>旬空 養<br>命宮<br>丁未 | 文昌 七殺<br>天姚 長生<br>父母<br>戊申 |
| 火星 貪狼<br>天刑 墓<br>子女<br>甲辰 | | | 天空 天同<br>桃花 沐浴<br>福德<br>己酉 |
| 天魁 右弼 太陰<br>死<br>財帛<br>癸卯 | | | 陀羅 武曲 (忌)<br>天虛 冠帶<br>田宅<br>庚戌 |
| 天府 紫微 (權)<br>天哭 截空 病<br>疾厄<br>壬寅 | 地劫 天機<br>寡宿 破碎 衰<br>遷移<br>癸丑 | 鈴星 擎羊 破軍<br>帝旺<br>人事<br>壬子 | 天馬 祿存 左輔 太陽 (科)<br>歲破 紅鸞 臨官<br>官祿 (身)<br>辛亥 |

## ◎命盤論解

【本命】：坐天梁（化祿）於未宮（天梁土與未宮土同類，且爲木庫所尅，則爲平地），並落旬空之地。身宮臨官祿宮坐太陽於亥宮（太陽坐亥宮，乃爲陷地），且逢左輔（化科）、祿存、天馬、紅鸞、歲破同度。故其人稟性溫和、相貌敦厚穩重、聰明耿直、度量寬宏，富有惻隱施濟之心，作事果決有魄力，辦事能力亦強，言語直爽、思慮周詳、行事謹愼，但辛勞奔波不免。

本命坐天梁（化祿），且三方逢左輔（化科）、祿存、天馬、右弼、天魁來合，乃爲雙祿馬加會格，但本命落於旬空之地，且三方的太陽、太陰，乃爲反背，又太陰、右弼、天魁落於死地，及命主武曲星坐戌宮（武曲坐戌宮，乃爲平地），又化忌，且逢陀羅同度。故一生辛忙奔波，早年較無發展，凡事先難後易，先勞後逸，中年後事業財官富貴則會有所成，且會逐漸發展之象。

【遷移】：坐天機於丑宮（天機木尅丑宮土，且爲金庫所尅，則爲陷地），且逢地劫、寡宿、破碎同度，並落衰地。故在外或社交上勞心勞力，作事難順，且多變折、困擾與阻力，好事多磨，並事將成之時易生挫折或失敗，又常有是非之事。

【官祿】：坐太陽於亥宮（太陽坐亥宮，乃爲陷地），且逢左輔（化科）、祿存、天馬、紅鸞、歲破同度，又本宮與身宮同宮。故工作上較爲辛忙，早年時期較無發展性，中年後事業會有所成就，且會逐漸的擴展，並經濟收入亦會隨著成長、大展鴻圖。

本宮坐太陽、左輔（化科）、祿存、天馬，命宮坐天梁（化祿），財帛宮坐太陰、右弼、天魁等星。故最宜從事財經商貿，仲介買賣、自由業、投資業、短期房地產業、服務業、餐飲業、社會福利工作、醫護工作、交涉企劃、設計工作。

【財帛】：坐太陰於卯宮（太陰坐卯宮，乃爲弱地），且逢右弼、天魁同度，並落死地，又對宮有天空來冲。故經濟收入尚佳且活躍，並會慢慢的成長，但不極爲穩定，一生衣食享用尚爲不缺，且可積財成富，亦會有散財之事。

【田宅】：坐武曲（化忌）於戌宮（武曲金爲戌宮土所生，且被火庫所尅，則爲平地），且逢陀羅、天虛同度。故早年無不動產，中晚年後才會擁有不動產，但不動產有限，且易生變動，並常有家務煩雜或居住環境困擾之事。

【福德】：坐天同於酉宮（天同水爲酉宮金所生，則爲廟地），且逢天空、桃花同度。故一生福分平平，但勞中可生福生吉，且凡事須先勞後安逸，早年辛忙，中晚年後享福，又身主天相星（天相星坐午宮，乃爲廟），且逢廉貞（廉貞坐午宮，乃爲旺地）、文曲同度（文曲坐午宮，亦爲廟地），並落空亡之地，又對宮有鈴星來冲。故壽元則爲一般的平均壽命。

【疾厄】：坐紫微（化權）、天府於寅宮，且逢天哭、截空同度，並落病地。故一生無重大疾病，且身體亦佳，但亦須注意腹脹、脚腿浮腫、濕熱、心氣不佳，或精水枯竭等症。

【夫妻】：坐巨門於巳宮（巨門水尅巳宮火且為金的長生之地所生，則為平地），且逢天鉞、孤辰、天喜同度，並落絕地。故可娶到一位個性多疑，善於猜忌，作事急迅但多進退，目光銳利、記憶力佳、能言善辯，內心性急好動，不耐寂靜，有強烈之研究心，但多學少精，夫妻間的感情及緣分尚佳，但意見、個性、思想、觀念上較難接近，宜晚婚。

【子女】：坐貪狼於辰宮（貪狼木坐辰宮，乃坐濕土之地，因辰宮屬土又為水庫，乃合為濕土，濕土可助貪狼木之所生，則為廟地），且逢火星（貪狼與火星同度，乃為火貪之格）、天刑。故於子女之中有個性剛強威猛、聰明機智、膽大出衆、能言善道、興趣廣泛、作事迅速果決，有魄力、不耐靜、內心好動、多才多藝、高傲有才幹，略帶孤僻，早年辛勞無成，中年後則事業橫發的子女，與自己的感情尚佳，緣分早年較缺，中年後較佳，意見、個性上有時會不合。

【父母】：坐七殺於申宮（七殺金與申宮金同類，且生水的長生之地，則為旺地），且逢文昌（文昌金坐申宮，與七殺金同為旺地）、天姚同度。故父母的慈祥，管教力也較嚴，自己與父母的感情尚佳，但緣分早年較缺，中年後較佳，但意見、個性上有時會不合。

【兄弟】：坐廉貞、天相於午宮（廉貞火與午宮火同類，則爲旺地。天相水與午宮火，乃爲水火相濟，則爲廟地），且逢文曲同度（文曲水與午宮火，亦爲水火相濟，則爲廟地），並落空亡之地。故有個性穩重、作事謹愼、思慮周詳、至誠無妄、聰明耿直、度量寬宏、事不虛僞，且有惻隱之心，愛管閒事好打抱不平，重禮儀，人緣佳、口才好、好客、講究飲食，喜愛奇珍異品，持事有始有終，任勞任怨的兄弟姊妹，與自己感情及緣分尚佳，小有助力，但有時意見上會不合。

【人事】：坐破軍於子宮（破軍水與子宮水同類，則爲旺地），且逢擎羊（擎羊金生子宮水，則爲利地）、鈴星同度（鈴星火爲子宮水所尅，則爲弱地，且破軍、擎羊之旺利，而爲凶）。故無患難相扶知心之友，且與人事朋友之間常有是非爭紛之事，甚至受人事朋友的陷害，或身遭傷害。

## ◉財祿福權夾夫財

姓名：陳小姐
民國46年7月12日午時瑞生
生年：丁酉
局數：金四局
命主：祿存
身主：天同

### ◎命盤特點

夫妻宮坐武曲、天府於子宮，且逢太陰（化祿）、天同（化權）來夾，乃爲財祿、福權、夾夫財。田宅宮坐天梁，且逢天空、地劫、陀羅、破碎同度，並落旬空之地。

| | | | |
|---|---|---|---|
| 陀羅 地劫 天空 天梁<br>旬空 破碎 長生<br>田宅 乙巳 | 祿存 七殺<br>桃花 紅鸞 沐浴<br>官祿 丙午 | 擎羊<br>天姚 寡宿 冠帶<br>人事 丁未 | 廉貞<br>臨官<br>遷移 戊申 |
| 右弼 鈴星 文昌 天相 紫微<br>空亡 養<br>福德 甲辰 | | | 火星 天鉞<br>天哭 帝旺<br>疾厄 己酉 |
| 巨門(忌) 天機(科)<br>天刑 天虛 胎<br>父母 癸卯 | | | 左輔 文曲 破軍<br>衰<br>財帛 庚戌 |
| 天馬 貪狼<br>截空 歲破 絕<br>命宮 (身) 壬寅 | 太陰(祿) 太陽<br>墓<br>兄弟 癸丑 | 天府 武曲<br>天喜 死<br>夫妻 壬子 | 天魁 天同(權)<br>孤辰 病<br>子女 辛亥 |

## ◎命盤論解

【本命】：坐貪狼於寅宮（貪狼木與寅宮木同類且生火的長生之地，則爲旺地），且逢天馬、歲破同度，並落截空、絕地，又本宮與身宮同度。故其人個性剛直、聰明有機謀，內心好動不耐靜，作事迅速但易生進退，興趣廣泛，能言善道，且多才多藝。

本命坐貪狼，三方逢破軍、七殺來合，乃爲殺、破、狼之格，且本命又坐天馬，並有文曲、左輔、祿存來合，又爲祿馬交馳，但祿存、天馬不同宮，則力量較小，且本命之貪狼、天馬皆落截空、絕地，則成爲死馬，又本命與身宮同宮，三方之破軍、文曲、左輔皆落衰地，且破軍、七殺皆落於陷地，雖命主祿主坐午宮（祿存土爲午宮火所生，則爲廟地），但逢七殺同度（七殺金爲午宮火所生，則爲陷地）。故一生較爲奔波辛勞，早年難有成就與發展，且事事難順，作事多困阻與波折，中晚年後才會漸漸的順利與發展，但成就與發展仍爲有限。

【遷移】：坐廉貞於申宮（廉貞火剋申宮金且爲水的長生之地所剋，則爲陷地）。故在外或社交上凡事多困阻，作事難遂心如意，且波折亦多，更難得貴人相助，並有口非之事。

【官祿】：坐七殺於午宮（七殺坐午宮，乃爲陷地），且逢祿存、桃花、紅鸞同度。故工作上較爲競爭，且早年艱辛難成，中晚年後才會逐漸的有所成就。

本宮坐七殺、祿存、紅鸞、桃花，命宮坐貪狼、天馬，財帛宮坐破軍、左輔、文曲等星。故最宜從事餐飲業、娛樂業、自由業、服務業、投機業、仲介買賣交涉業、美容化粧業、破壞業、加工業、製造業、農林水產業、或作生意。

【財帛】：坐破軍於戌宮（破軍水被戌宮所尅且尅火庫，則爲陷地），且逢左輔、文曲同度（文曲水坐戌宮，與破軍同爲陷地），並落衰地。對宮又有鈴星來冲。故經濟收入較不穩定，並無固定的收入，且財來財去，聚散不一，又本身的金錢開支較不節制，生活上也比較浪費，故常會感到金錢上的流失。

【田宅】：坐天梁於巳宮（天梁土爲巳宮火所生且生金的長生之地，則爲旺地），且逢天空、地劫、陀羅、破碎，並落旬空之地。故會擁有不動產，但不動產極爲有限，並易生變動耗損或變賣，且常有家務上的困擾，或居住環境的遷動及外來困擾煩雜之事，或有不動產上的糾紛。

【福德】：坐紫微、天相於辰宮（紫微土與辰宮同類且尅水庫，則爲平地。天相水被辰宮土所尅且與水同類，亦爲平地），且逢右弼、文昌、鈴星同度（鈴星火生辰宮土且爲水庫所尅，則爲陷地），並落空亡之地，對宮又有破軍來冲，故一生雖辛勞，但勞中可生福生吉，且凡事先難後易，先勞後逸，早年辛忙勞碌，晚年可享福，並於衣食享用上亦佳。又身主天同星坐於亥宮，乃爲旺地，又化權，且逢天魁同度，並落病地，對宮又有天空、地劫、陀羅來沖。故壽元則爲一般平均壽命。

【疾厄】：無主星，則借用對宮之天機（化科）、巨門（化忌）來論，天機、巨門坐酉宮，乃爲天機木死、巨門水敗之地，又本宮原坐有天鉞、火星、天哭。故須注意肝功能不佳、積勞成疾、暗疾、經水不調、耳目皮膚之疾、濕毒、或四肢神經關節之疾。

【夫妻】：坐武曲、天府於子宮（武曲金生子宮水，則爲利地。天府土尅子宮水，則爲弱地。但武曲金可化天府土爲利，因天府土生武曲金又生子宮水，故化天府爲利），且逢天喜同度，並落死地，對宮又有七殺來沖，兩鄰宮又有太陰（化祿），及天同（化權）來夾。故可嫁到一位個性剛直、聰明能力強、言語直爽、心直無毒、度量寬宏，作事果決有魄力，具有領導之能，相貌敦厚穩重，經濟能力甚佳，且事業有成的先生，且可因而得貴，夫妻間的感情及緣分亦佳，但意見、個性上有時會不合。

【子女】：坐天同（化權）於亥宮（天同水與亥宮水同類，且生木的長生之地，則爲旺地），且逢天魁、孤辰同度，並落病地，對宮又有天空、地劫、陀羅來沖。故於子女之中有稟性溫和、外貌敦厚清奇、心慈耿直、爲人謙遜有禮、有奇智、文墨精通、無亢激、度量寬宏、不計是非、熱於助人、愛管閒事，作事果決有魄力，一生福分佳的子女，與自己感情及緣分皆佳，但意見、觀念上有時會不合。

【父母】：坐天機（化科）、巨門（化忌）於卯宮（天機木與卯宮木同類，則爲旺地。巨門水生卯宮木，則爲利地），且逢天刑、天虛同度，對宮又有火星來沖。故與父母親的感情平平，緣分早年較缺，中晚年較佳，但意見、思想、觀念、個性皆難相近，且於父母親中有血光之災或開刀之現象。

【兄弟】：坐太陽、太陰（化祿）於丑宮（太陽坐丑宮，乃爲陷地。太陰坐丑宮，乃爲廟地），對宮又有擎羊來沖。故有個性剛直，內心好動性急不耐靜，言語直爽、聰明慈愛、度量寬宏、富有惻隱之心、熱於助人、不喜受人約束、愛乾淨、注意外表，且受異性喜愛的兄弟姊妹，與自己的感情及緣分尚佳，但意見較爲不合。

【人事】：無主星，則借對宮之太陽、太陰（化祿）來論（太陽坐未宮，乃爲利地。太陰坐未宮，乃爲陷地），又本宮原坐有擎羊、天姚、寡宿。故於朋友中大多爲普通朋友，並無相助之力，且與朋友人事間須注意是非口角，及金錢上糾紛。

## ◉吉凶相伴

姓名：何先生
民國40年10月19日寅時建生
生年：辛卯
局數：火六局
命主：文曲
身主：天同

### ◎命盤特點

本命坐太陽（化權）、天梁於酉宮，且逢祿存、天空、天虛同度，並落衰地，三方逢太陰於陷地、天馬、孤辰、破碎，落截空、絕地，及左輔、右弼、地劫來合。子女宮坐貪狼、文曲（化科）、天鉞、天刑星。

| | | | |
|---|---|---|---|
| 天馬 太陰<br>孤辰 破碎 截空 絕<br>財帛 癸巳 | 天鉞 文曲 貪狼 (科)<br>空亡 天喜 天刑 墓<br>子女 甲午 | 巨門 天同 (祿)<br>旬空 死<br>夫妻 乙未 | 陀羅 文昌 天相 武曲 (忌)<br>歲破 病<br>兄弟 丙申 |
| 天府 廉貞<br>胎<br>疾厄 壬辰 | | | 祿存 天空 天梁 太陽 (權)<br>天虛 衰<br>命宮 丁酉 |
| 天哭 養<br>遷移 辛丑 | | | 擎羊 七殺<br>天姚 帝旺<br>父母 戊戌 |
| 天魁 破軍<br>長生<br>人事 庚寅 | 地劫 右弼 左輔<br>寡宿 沐浴<br>官祿 (身) 辛丑 | 鈴星 紫微<br>桃花 紅鸞 冠帶<br>田宅 庚子 | 火星 天機<br>臨官<br>福德 己亥 |

## ◎命盤論解

【本命】：坐太陽（化權）、天梁於酉宮（太陽坐酉宮乃爲弱地。天梁土生酉宮金，則爲利地），且逢天空、祿存、天虛同度，並落衰地。身宮臨官祿宮於丑宮，無主星，則借用對宮之天同、巨門（化祿）（天同、巨門水坐未宮，皆爲平地），又本宮原坐有左輔、右弼、地劫、寡宿等星。故其人個性剛直、能言善辯、目光銳利，外貌敦厚穩健，作事雖急迅積進果決有魄力，但多先勤後墮，有始無終，且常有煩心是非之事。

本命坐太陽（化權）、天梁、祿存，三方逢借用之天同、巨門（化祿）、左輔、右弼、太陰、天馬來合。但本命再遇天空，並落衰地，且逢地劫來合，又太陰坐於陷地，並與天馬落於截空、絕地。故本人一生辛勞奔波，困阻挫折亦多，且會有一時之發跡，並權掌威權，財利雙得，但難持久。

【遷移】：無主星，則借用對宮之太陽（化權）、天梁、祿存來論（太陽坐卯宮，乃爲旺地。天梁土坐卯宮，乃爲卯宮木所尅，則爲陷地，但太陽火可化天梁土爲廟。因卯宮木生太陽火又生天梁土，則化天梁爲廟），又本宮原坐有天哭，對宮又有天空來沖。故在外或社交上極有發展，社交能力亦強，交遊亦廣，且可逢貴人相扶相助，並有助於財利事業上的發展，但辛勞不免。

【官祿】：無主星，則借用對宮之天同、（巨門）化祿來論（天同坐丑宮，乃爲丑宮土所尅且爲金庫所生，則爲平地。巨門水坐丑宮，與天同同爲平地），又本宮原坐有左輔、右弼、地劫、寡宿等星，且本宮又與身宮同宮。故工作上較爲辛勞且競爭，早年難有成就與發展，中晚年後才會有所成果，但成果有限，且是白手創業，並多挫折與困阻。

本宮借用天同、巨門（化祿），及本宮的左輔、右弼、地劫，命宮坐有太陽（化權）、天梁、天空、祿存，財帛宮坐有太陰、天馬等星。故最宜從事軍警職、徵信調查、自由業、服務業、餐飲業、仲介事業、接洽交涉外交工作、作生意、宗教界。

【財帛】：坐太陰坐巳宮（太陰坐巳宮，乃爲陷地），且逢天馬、孤辰、破碎同度，並落於截空、絕地。故經濟收入不穩定，也較不固定，且生活浪費，金錢開銷大，而常會有散財之事，並會有經濟上的困擾。

【田宅】：坐紫微於子宮（紫微坐子宮，乃爲平地），且逢鈴星（鈴星火爲子宮水所尅，則爲陷地）、桃花、紅鸞同度。故早年無不動產，中晚年後才會擁有不動產，但不動產只有一點點，且易生變動，且居住環境亦不佳。

【福德】：坐天機於亥宮（天機木爲亥宮水所生且與木庫同類，則爲廟地），且逢火星同度。故一生勞心勞力，辛忙奔波，精神難寧，凡事多競爭，且難有清福可享。又身主天同星坐未宮，乃爲陷地，且逢巨門（化祿）（巨門坐未宮，乃爲陷地），並落旬空、死地。故壽元則低於一般的平均壽命。

【疾厄】：坐廉貞、天府於辰宮，並落胎地，且對宮有七殺、擎羊來沖，故須注意脾胃不佳、消化不良、心氣不足、積勞成疾、暗疾、或生殖器官之疾或外傷。

【夫妻】：坐天同、巨門（化祿）於未宮（天同水被未宮土所剋且生木庫，則爲陷地。巨門水坐未宮，與巨門同爲陷地），並落旬空、絕地。故可娶到一位個性不定，善欺騙隱瞞猜忌、目光銳利、喜言好辯、喜怒不一、多學不精，且常有是非口舌的太太，夫妻間的感情與緣分皆不佳，且意見、思想、個性、觀念上皆不合，並彼此間常有口角爭執之事。

【子女】：坐貪狼於午宮（貪狼木生午宮火，則爲利地），且逢文曲（化科）（文曲水坐午宮火，乃爲水火相濟，則爲廟地）、天刑、天喜同度，並落空亡之地，對宮又有鈴星來沖。故於子女之中有個性剛強、能言善道、聰明機敏、興趣廣泛、文武皆能，作事果決有魄力，且有領導之能的子女，與自己的感情及緣分尚佳，但思想上較難接近。

【父母】：坐七殺於戌宮（七殺金爲戌宮土所生且爲火庫所尅，則爲平地），且逢擎羊（擎羊金坐午宮，與七殺金同爲平地）、天姚同度。故與父母的感情與緣分皆爲不佳，且會有口角或爭執之事。

【兄弟】：坐武曲、天相於申宮（武曲金與申宮金同類且生水的長生之地，則爲旺地。天相水爲申宮金所生且與水的長生之地同類，則爲廟地），且逢文昌（化忌）（文昌金坐申宮，與武曲金同爲旺地）、陀羅（陀羅金坐申宮，與陀羅金同爲旺地，較不凶）、歲破同度，並落病地，對宮又有破軍來冲。故有個性耿直、文武兼備、能言善道、聰明機警、行事謹愼、思慮周詳、好管閒事愛打抱不平、好客、喜愛奇珍異品、落落大方、交遊甚廣，幼年體質不佳，多病的兄弟姊妹，與自己感情尚佳，緣分較缺，且在意見、個性、思想、觀念上皆難接近。

【人事】：坐破軍於寅宮（破軍水生寅宮木且尅火的長生之地，則爲弱地），且逢天魁同度。故難有患難相助知心的朋友，且與朋友人事之間常會有意見不合，是非口角爭執，勾心鬥角之事，但偶爾會遇貴人相提助。

# 蔡上機命理星相系列叢書

(1) 紫微斗數論命精蘊(全)

將斗數之命盤做整體的論斷推命詳述每一命宮的推論方法無師自通。

菊 16K 約 170 頁 $160 元

(2) 紫微斗數命運寶典(初級)

最有系統的斗數綜合入門精義全文白話解析，研習斗數最佳指南。

菊 16K 約 320 頁 $200 元

(3) 紫微斗數命運寶典(中級)

最有系統的斗數精微講義舉例應用說明甚多易學易懂。

菊 16K 約 540 頁 $200 元

(4) 紫微斗數命運寶典(高級)

最有系統的斗數精微講義口訣應用簡單明瞭並加註釋。

菊 16K 約 300 頁 $200 元

(5) 白話陽宅地理學

對陽宅之學理根源作系統的白話解析只要循序閱讀，便可融會貫通。

菊 16K 約 180 頁 $160 元

(6) 西洋手相算命秘笈

從掌中形狀、色澤、掌紋…加上插圖解說，是學習手相，無師自通範本。

菊 16K 約 460 頁 $200 元

(7) 人相心理兵策謀略秘笈

從人相心理學到兵策謀略之相互運用，是人際關係的最佳參考資料。

菊 16K 約 300 頁 $160 元

(8) 美容化妝造型開運秘笈

藉由美容化妝造型設計的力量來趨吉避凶，而達到開運的結果。

菊 16K 約 200 頁 $160 元

# 一善居士命理乾坤叢書

**(1) 易理金錢卦斷訣**

使用金錢卦，從卜之基礎，裝卦法及解說各卦爻的意義，人人可以學習。

菊 16K
約 230 頁
$ 160 元

**(2) 嫁娶安床擇日全書**

用「通書造歷法則」簡易清晰的闡釋「嫁娶安床擇日」的法則與方法。

菊 16K
約 250 頁
$ 160 元

**(3) 一善相法**

作者將自己觀相印證之心得和相師們所傳之相法秘笈整理成書，人人可學。

菊 16K
約 280 頁
$ 160 元

**(4) 陰陽宅斷訣**

從地理基礎篇到三元地理、三合地理、九星地理、天星地理…各種陰陽宅之口訣。

菊 16K
約 312 頁
$ 220 元

**(5) 一善手相秘訣**

本書對手相有深入淺出的解析，輔以圖表的說明，引導讀者探尋掌中的奧秘。

菊 16K
約 400 頁
$ 200 元

**(6) 地理葬課擇日全書**

用淺顯的白話文，簡易清晰的解說「地理葬課擇日」的法則與方法。

菊 16K
約 360 頁
$ 220 元

**(7) 奇門遁甲應用訣**

從奇門遁甲的基礎與排盤至剋應篇並對吉格和凶格的解說詳細說明應用方法。

菊 16K
約 400 頁
$ 250 元

命理乾坤叢書（13）

紫微斗數論命精蘊

定價：160元

中華民國87年12月初版5刷

編著　蔡上機

發行人　劉英富

發行所　益群書店股份有限公司

台北市重慶北路2段229－9號

☎ 02-25533122 25533123 25533124

劃撥：0015152-2　傳眞：02-25531299

出版登記證：局版台業字第0668號

印刷所　新矩陣藝術印刷廠有限公司

台北縣中和市橋和路112巷10號

電話：(02)22402729

傳真：(02)22402726



編號：B113-781011